你所不知道的
国家一级博物馆
3

人民日报海外版文旅部　主编

人民日报出版社

·北京·

图书在版编目（CIP）数据

你所不知道的国家一级博物馆. 3 / 人民日报海外版
文旅部主编. —北京：人民日报出版社，2024.5
　　ISBN 978-7-5115-8270-6

　　Ⅰ. ①你… Ⅱ. ①人… Ⅲ. ①博物馆－介绍－中国
Ⅳ. ①G269.26

中国国家版本馆CIP数据核字(2024)第081879号

书　　　名：你所不知道的国家一级博物馆3
　　　　　　NISUO BUZHIDAO DE GUOJIA YIJI BOWUGUAN 3
主　　　编：人民日报海外版文旅部
执行主编：邹雅婷
出 版 人：刘华新
策 划 人：欧阳辉
责任编辑：毕春月　刘思捷
装帧设计：金　刚

出版发行：人民日报出版社
社　　址：北京金台西路2号
邮政编码：100733
发行热线：（010）65369509　65369527　65369846　65363528
邮购热线：（010）65369530　65363527
编辑热线：（010）65369521
网　　址：www.peopledailypress.com
经　　销：新华书店
印　　刷：北京盛通印刷股份有限公司
法律顾问：北京科宇律师事务所　（010）83622312

开　　本：880mm×1230mm　　　1/32
字　　数：238千字
插　　图：269幅
印　　张：9.75
版次印次：2024年5月第1版　　2024年5月北京第1次印刷

书　　号：ISBN 978-7-5115-8270-6
定　　价：68.00元

一个博物馆就是一所大学校

目录

目录

中国农业博物馆

中国农业博物馆

展示博大精深的农业文明

邹雅婷　吴素华／文

在北京东三环，矗立着一座大型园林式博物馆，这便是中国农业博物馆（全国农业展览馆）。全国农业展览馆是20世纪50年代北京"十大建筑"之一，1959年落成并开放。1986年9月，在农展馆基础上建立的中国农业博物馆正式开馆，实行"一个机构、两块牌子"管理模式。

中国农业博物馆藏品总量14万余件，特色藏品有农业古籍、传统农具、彩陶、票证、农业宣传画、高密年画、土壤标本、农业蜡果等，其中一级文物213件。馆内设有基本陈列"中华农业文明"、专题陈列"中国传统农具""中国土壤标本""彩韵陶魂——田士利捐赠彩陶展"，还有农业科普馆、二十四节气传统农事园等，生动展示着历史悠久、博大精深的中华农业文明。

追溯农业起源

"中华农业文明"展陈面积约4850平方米，通过1000多件（套）文物展品和场景复原、动画影像等，展现了上万年的中国农业发展史。

走进序厅，"农耕五祖"雕像映入眼帘，这是传说中对中华农业文明起源作出重要贡献的人物——伏羲、神农、黄帝、嫘祖、大禹。四周的壁画描绘了燧人取火、有巢筑屋、后稷稼穑等神话传说，反映了远古先民在生产生活方面的发明创造。

新石器时代，人类生产逐渐由原始的渔猎采集转变为农业耕作，还出现了纺织、制陶等手工业。这一时期，中华大地上的农业大致可以划分成北方黄河流域的旱地粟作农业和南方长江流域的水田稻作农业两大农业系统。展厅里复原了浙江余姚河姆渡遗址和陕西西安半坡遗址的场景，观众可以了解新石器时代农业生产和社会生活的面貌。

商周时期是原始农业向精耕细作农业过渡的时期，此时期，青铜已用于制造农具。商代青铜农具有锸、铲、斧、锛等，其中锸是最常见的农具之一，其用途为掘土，可以开沟渠、作垄。馆藏商代青铜锸整体呈长方形，銎略呈梯形，刃面两侧外翘，锸内有泥土等残留物。青铜锸存世较少，具有较高的历史和学术价值。到了战国时期，随着冶铁技术的日趋成熟，青铜农具

商代
青铜锸

逐渐被铁制农具代替。

灰陶井、黄釉陶灶、褐釉陶播种俑、绿釉陶舂米俑、灰陶栖鸽卧豚圈……展厅里的汉墓复原场景，通过形形色色的陶俑、陶模型等随葬明器，再现了汉代生产生活画面。

东汉褐釉陶
播种俑

绿釉陶作坊是国家一级文物，生动刻画了汉代粮食加工作坊的形态。作坊中有碓、风扇车、磨等农具，有鸡、狗等家畜，一人在舂米，一人在鼓风烧火，栩栩如生。

汉代绿釉陶
作坊

中国农业博物馆副馆长陈军介绍，执箕执锸俑是中国农业博物馆的"镇馆之宝"之一，器型完整、体形高大、神态逼真，代表了汉代制陶技艺的较高水准。此俑出土于四川彭山，为泥质灰陶，头戴圆帽，身着圆领半长衣，脚穿草鞋，右手于胸前执锸，左手下垂执箕，腰间还别了一把长刀，可能是庄园主的家兵，平日务农、战时为兵，体现了汉代四川地区的农业生产和庄园经济情况。

汉代执箕
执锸俑

感悟古人智慧

　　犁、锄、镰、磨是传统农业劳动中最具代表性的4种农具，分别应用于耕地、中耕、收获、加工等农业生产过程中。中国的犁由耒耜演变而来，最初为石犁，后来发展出青铜犁、铁犁。犁的出现，将由上而下破土、间断式进行的耕地方式变成由后向前推进、连续性的耕作方式，大大提高了耕地效率。唐代在直辕犁的基础上发明了曲辕犁，标志着中国犁耕技术进入成熟阶段。曲辕犁犁体短小，操作灵活，更适合在南方水田使用，而且能满足深耕和浅耕的不同需要。中国的犁在汉唐时期传入亚洲各国，18世纪传入欧洲。可以说，犁的传播推动了世界农业生产水平的发展。

曲辕犁

裴李岗文化石磨盘、石磨棒

　　磨是使谷物脱壳粉碎的工具。河南新郑裴李岗遗址发现的石磨盘、石磨棒，距今约8000年—7000年，由砂岩石磨制而成，线条流畅，琢制精细，反映了中原地区先民娴熟的石器制作技巧和较为先进的粮食加工技术。到了汉代，石磨被广泛使用，多用于磨制豆腐。

中国是丝绸的发源地。至迟在新石器时代中期，中国人就开始栽桑养蚕、采茧缫丝。随着礼乐文明的发展，丝绸服饰以其丰富的装饰性和鲜明的辨识度，成为

清代云锦蟒袍

身份等级的重要象征。展厅里的清代云锦蟒袍色彩艳丽、做工精美，格外引人注目。蟒袍衣长150厘米，在橘红色云锦上饰有一条飞腾云霄的蟒，下部为海水、礁石、珊瑚、螺贝纹等。蟒纹与龙纹相似，龙生五爪，蟒少一爪。明代后期，出现了五爪蟒，因此不以爪子数量来分辨龙与蟒，而是以穿着者的身份来区分。明代，蟒衣是皇帝对有功之臣的赐服；至清代，蟒衣被列为吉服。

彰显"三农"成就

鼎是中国古代的一种礼器，古人在重大仪式或接受赏赐时会铸鼎纪念。在"现代农业"展厅，陈列着一尊现代青铜鼎，名为"告别田赋鼎"。此鼎通高99厘米，重252千克，腹部刻有《告别田赋》铭文，共计560字，下面刻有巨龙、瑞兽、祥云等图案，寓意国泰民安、社会和谐。它的铸造是为了纪念一项具有划时代意义的重大制度的出台。

2005年12月29日，第十届全国人民代表大会常务委员会第十九次会议决定，自2006年1月1日起废止《中华人民共和国农业税条例》，这标志着在中国延续了2000多年的农业税从此退出历史舞台。听闻此讯，河北省灵寿县农民王三妮激动万分，自行设计并自筹资金铸造了这尊告别田赋鼎。鼎上铭文写道："我是农民的儿子，祖上几代耕织辈辈纳税。今朝告别了田赋，我要代表农民铸鼎刻铭，告知后人，万代歌颂永世不忘。"这尊鼎是中国实行强农惠农政策、取得农村改革成就的重要证物。2009年，王三妮将它捐赠给中国农业博物馆。

农业的发展离不开科技的进步，其中，培育作物良种是非常重要的工作。馆内珍藏着一件独特的展品——"实践八号"育种卫星返回舱，它

告别田赋鼎

"实践八号"育种卫星返回舱

见证了中国航天育种工程的发展。"实践八号"是中国首颗专门为航天育种研制的返回式科学技术试验卫星，2006年9月发射升空，装载了粮、棉、蔬菜、林果、花卉等9大类2000余份约215千克的农作物种子，在太空环境下进行空间诱变育种试验。航天育种工程为中国农作物新品种选育和粮食安全作出了积极贡献，经历太空遨游的种子在地球上生根发芽、开花结果，充实了人们的"米袋子、菜篮子、果盘子"。

　　"三农这十年——新时代农业农村发展成就展"是中国农业博物馆2022年10月推出的重磅特展。展馆里，国产农业无人机、国产高性能免耕精量播种机、国产高效植保无人车等展示着中国农业"黑科技"，一份份证书、一枚枚奖章见证了新时代农业农村发展的巨大成就。黄文秀的"全国脱贫攻坚楷模"证书令人肃然起敬。黄文秀硕士毕业后自愿到广西壮族自治区百色市乐业县百坭村担任驻村第一书记，带领400多名贫困群众脱贫。2019年6月17日凌晨，她从百色市返回乐业县途中遭遇山洪，不幸牺牲，年仅30岁。

传播农耕文化

　　二十四节气是中华农耕文化的瑰宝。2016年，由中国农业博物馆牵头申报的"二十四节气"被联合国教科文组织列入人类非物质文化遗产代表作名录。

　　中国农业博物馆收藏了不少与节气文化相关的藏品。高密年画《耕》描绘了惊蛰春耕的场景：一名农夫头戴斗笠，面露笑容，正在扬鞭赶牛耕地。《牧童遥指杏花村》取杜牧《清明》诗意，勾画出清明时节春风拂柳、杏花烂漫的美景。

高密年画《耕》

走进农业科普馆，1∶3复原的河南登封古观星台展示了古人如何通过观测日影和星空来测定节气，四周柱子上的装饰画和展墙上的摄影作品呈现了多姿多彩的节气之美。在"节气味道"体验区，还可以细细品味不同节气的定制香氛。

挽犁春耕、喜播嘉种、清明插秧、金秋收获、春碓加工、贮粮入仓……传统农事园里，一座座青铜雕塑生动表现了围绕四时节气开展的农事活动。农事园中还有作物种植区，根据时令种植相应的作物，让城市居民尤其是孩子们能近距离接触农业、接触自然。

中国农业博物馆立足馆藏资源优势，推出农业与生活、节日与民俗、小小农艺师、二十四节气、趣味大自然5大系列50余项精品科普课，开展"最美中国节""跟着农博过节气""丰收节里话农事"等主题活动，精心设计研学线路，带领中小学生探索文物的奥秘，体验农作物的种植、收割、加工。同时，还在学校和社区举办讲座、巡展，制作"云讲农博""漫步农博""科普农博"系列网络课程，多渠道传播中华农耕文化。

陈军表示，中国农业博物馆以"宣传三农、弘扬文化、服务社会"为宗旨，努力做好中华农业文明的研究阐释和传播推广，助力乡村文化振兴。未来将对基本陈列进行更新，展示近些年农业考古新成果，运用VR、AR、MR等新技术增

小朋友在农业科普馆中体验犁耕

强互动体验。此外，还计划打造二十四节气专题馆，通过室内+室外、展示+体验、线上+线下相结合的方式，让观众沉浸式感受节气文化魅力。

本文图片均由中国农业博物馆提供

中国电影博物馆

318街道气氛图

安国军总司令府气氛图

中国电影博物馆

在光影中感受时代风华

黄敬惟 / 文

电影已成为大众文化生活中重要的一部分。如果你对电影的发展史和幕后故事感兴趣，中国电影博物馆绝对不可错过。

在北京市朝阳区南影路上，中国电影博物馆巍然耸立。主体建筑以黑色为基础色，外层

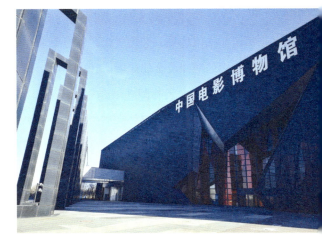

中国电影博物馆外观

装饰有镂空图案的金属板。在这座建筑前，巨大的银幕与广场上断续的斜墙构成形如场记板的组合。

这是一座年轻的博物馆，2007年正式对公众开放，2020年被评为国家一级博物馆，馆内现有电影剧本、服饰、道具、器材等藏品14万余件，其中二级以上文物82件。在这里，观众可以回望中国电影百余年波澜壮阔的历程，感受新时代中国电影的勃勃生机，还可以通过互动体验探索光影艺术的奥妙。

回望中国电影发展历程

自1905年影片《定军山》问世以来，中国电影已走过百余年发展历程。中国电影博物馆基本陈列"百年历程 世纪辉煌"将这段历史娓娓道来。

"中国电影的诞生和早期发展"展厅中，复原了《定军山》拍摄场景，旁边展出了该电影制作人任庆泰70岁时拍摄的照片及金属底版。1905年秋，民族实业家任庆泰与京剧艺术大师谭鑫培合作，摄制了京剧《定军山》片段，并在北京前门外大栅栏的大观楼影戏院放映。这是中国人自己摄制的第一部电影，它的拍摄和放映，标志着中国电影的诞生。这块金属底版是现今仅存的任庆泰相关实体文物，它所使用的铜质材料也较为稀有，是国家一级文物。

挂满一整面墙的经典影片剧照，胡蝶、阮玲玉等影

《定军山》拍摄场景复原

任庆泰70岁时拍摄的照片及金属底版

《延安与八路军》相册

星的画册，《电影画报》《电影月报》等电影出版物……丰富的展品讲述着20世纪20—40年代中国电影的发展。展柜中，一本纸质泛黄的延安电影团照片资料册格外珍贵。这是电影人袁牧之和摄影师吴印咸1938年拍摄大型纪录片《延安与八路军》时留下的剧照、工作照集，真实记录了在中国共产党领导下拍摄这部电影的过程。

新中国成立后，电影业迎来了大发展。环形展柜中一组彩塑引人注目：《英雄儿女》中身背步话机的王成，《烈火中永生》中大义凛然的江姐、许云峰、小萝卜头，《小兵张嘎》中滑稽可笑的胖翻译……这组彩塑包含了1949年至1978年间近700部国产故事片里的100个代表性艺术形象，由天津电影制片厂设计、天津泥人张彩塑工作室制作。"这是张瑞芳演的李双双，这是于蓝演的江姐，这些都是我们那个年代的人非常熟悉的银幕形象。"头发花白的周奶奶指着展柜中的彩塑向身旁的家人说。不少中老年参观者凑近展柜，寻找自己当年喜爱的电影角色。

继续向前走，"改革开放新时期的中国电影""美术电影""儿童电影""科学教育电影、译制电影、新闻纪录电影"等展厅依次呈现。《春桃》剧本手稿，主旋律影片《大战宁沪杭》的分镜头场景图、景别规划图，《重庆谈判》的场记表、导演工作台本等，展现了这些影片幕后制作的精细；《生死擂》中的道具打擂棒，《英雄》中甄子丹饰演的长空所使用的枪、李连杰饰演的无名所

《大闹天宫》设计原稿

使用的剑，《蒋筑英》中巍子使用的手表等，仿佛将观众带到了电影拍摄现场；动画片《大闹天宫》人景合成画面、《骄傲的将军》人物设计线稿、《草原英雄小姐妹》原画等，吸引了不少孩子饶有兴趣地观看。

见证新时代电影业腾飞

位于馆内一层的"奋进新征程　电影新时代——中国电影艺术成就展（2012—2022）"，聚焦党的十八大以来涌现的电影精品力作，以图像、文字、视频、新媒体、沉浸式体验等多元展示手法，集中展现了新时代电影发展的精彩篇章。

"奋进新征程　电影新时代"展厅

新时代以来，中国电影市场飞速发展，国产电影数量不断增长，创作水平不断提升。以2023年为例，全年电影票房为549.15亿元，其中国产影片票房为460.05

亿元，占比为83.77%；全年票房过亿元影片共73部，其中国产影片50部，票房排名前10位均为国产影片。展厅中展示了《战狼2》《红海行动》《流浪地球》等近年来票房口碑双丰收影片的海报，彰显了国产影片日益强劲的竞争力。为了贴近年轻观众，展览还特别展出了优秀国产动画电影的动态海报作品，《哪吒之魔童降世》《西游记之大圣归来》《姜子牙》《大鱼海棠》等动画电影的经典形象与场景"动"了起来，更具有表现力。

展厅里，各种先进设备让观众了解中国电影业的"黑科技"。大疆如影2增稳云台、大师摇轮控制器、"悟"2型航拍无人机等，体现了"中国

国产动画电影海报

制造"在电影摄影机研制领域的实力。玉宇数字电影放映氙灯，是中国自主研发、生产的放映机氙灯光源，打破了进口产品对特种光源行业的市场垄断。中影光峰激光发射器在诸多技术指标上拥有世界领先的优势，引领着全球电影激光放映的方向。

由中国主办的电影文化活动越来越丰富、国际影响力越来越大，也是中国电影业日趋繁荣的一个侧影。北京国际电影节、上海国际电影节、丝绸之路电影节等，为世界各国电影和电影人的交流合作提供了重要平台。展厅中展示了许多电影节的奖杯和活动照片，勾勒出中外电影文化交流的多彩画卷。

多角度体验电影魅力

卢米埃尔摄影机（复制品）

1895年电影诞生时使用的电影摄影机复制品、19世纪法国卢米埃尔家族工厂生产的玻璃底片、19世纪法国摩尔登尼放映灯……在中国电影博物馆，观众可以看到不少见证世界电影起源的珍贵展品。

位于博物馆四层的电影技术博览区，介绍了大量电影制作技术和电影知识，揭示了电影制作各个环节的奥秘。展厅里的"农家小院"摄影棚是"网红打卡点"之一。这是一处北方乡村风格

"农家小院"摄影棚

的布景，通过声光变化和造雪机等设备的应用，模拟出清晨黄昏、阴晴雨雪等不同场景，令人啧啧称奇。

中国电影博物馆十分注重社会教育。中华少儿电影配音推广展示活动是中国电影博物馆的经典社教品牌。这一活动主要面向7至16周岁的青少年，以配音为切入点，结合讲堂、配音作品展示、电影之旅、影片赏析等活动，激发青少年对电影艺术的热爱。

中国电影博物馆还举办丰富多彩的公益观影活动，"回味胶片经典"主打胶片电影展映，"燃烧的生命"主打英雄人物题材电影展映，"电影贺新年"主打贺岁影片回顾……在博物馆胶片放映厅中，一系列主题电影展映活动吸引了许多电影爱好者，有人专门从很远的地方驱车来到这里，只为重温儿时的经典影片。

围绕时下热映的电影，中国电影博物馆还会举办与之配套的幕后展。

从《金刚川》到《长津湖》，再到《封神第一部：朝歌风云》……观众在欣赏电影之余，还能看到电影道具、布景、美术组CG图、导演手稿等，了解电影的幕后故事。

《长津湖》中的家书衍生品

中央圆厅也是中国电影博物馆的"网红打卡点"之一。这里不仅有国内最大的室内锥桶结构异形曲面内挂屏和近100平方米的高清卷轴屏，还局部复原了北京冬奥会开幕式鸟巢大屏幕系统。大屏分为两部分，立面显示屏高25米、宽10米，地面显示屏达700平方米。在圆厅总共近3500平方米的LED屏环境中，观众不仅能够重温冬奥记忆、感悟冬奥精神，还可以欣赏中国电影博物馆推出的一系列"四屏联动"视频，感受祖国的

中央圆厅

大好河山和日新月异的发展，体验浩瀚无垠的璀璨星空与色彩斑斓的海洋世界，享受一场震撼的光影盛宴。

本文图片均由中国电影博物馆提供

中国印刷博物馆

中国印刷博物馆

展现源远流长的印刷文化

黄敬惟 / 文

从书籍报刊到纸钞票据，印刷与现代人的生活息息相关。坐落于北京市大兴区的中国印刷博物馆，展陈面积5500平方米，是目前世界上规模最大的印刷专业博物馆。在这里，观众

中国印刷博物馆外观

可以了解印刷术的发展史，看到各种印刷工艺的成果，感受印刷对人类文明进步所发挥的巨大推动作用。

传承古人智慧

中国印刷博物馆共有"印出东方——印刷术的根在中国""印行天下——印刷术与文明互鉴""印机宝藏——中外印刷机械设备展"3个常设展览。"印出东方"展介绍了中国古代印刷术的起源、发展和传播过程。

文字和造纸术是印刷术产生和发展的重要条件。考古研究表明，距今4500年左右是中国文字由萌芽走向成形的时期。东汉蔡伦发明工艺完整的造纸术，用植物纤维制造的纸张成为文字的极佳载体。馆中展示了书画家启功捐赠的一件唐人写经残卷，泛黄的宣纸上书写着优美而工整的文字，历经千年依然清晰，体现了唐代精良的造纸技术和高超的书法造诣。

中国雕版印刷技艺是传统文化瑰宝，2009年被联合国教科文组织列入人类非物质文化遗产代表作名录。雕版印刷术起源于隋唐之际，至宋代达到鼎盛，雕版印刷的书籍版式、字体、用纸、用墨和装帧形式等都有了较大发展，形成了中国独特的书籍审美文化。北宋刻本《通典》、南宋嘉定刻本《西汉会要》、元代杭州刻本《宣和博古图录》、明清刻本诗集和文集……一本本珍贵古籍反映了宋代以来雕版印刷业的发展。其中，最具价值的是宋刻本《春秋经传》。

宋版书刻印精良、纸墨上乘且存世稀少，素有"一页宋版一两金"之说。中国印刷博物馆所藏南宋晚期杭州精刻本《春秋经传》为海内孤本，是国宝级儒学典籍善本，弥足珍贵。

这本《春秋经传》
开本宏大，版面疏朗，
天头地脚宽阔。每半页
8行，每行17字，字大
如钱，与今天的初号字
大小相似。版框左右双
线，版心同向双鱼尾，
白口，底部有刘文、詹
周等14个刻工的名字。

宋刻本《春秋经传》

字体为楷体，雕刻刀法严谨，不失文字之美。如果不是每页版心底部有
刻工的名字，几乎无法分辨是不同刻工的作品，体现了宋代登峰造极的
雕版印刷技艺。

　　活字印刷术的发明是中国古代印刷史上的另一座里程碑。据《梦溪
笔谈》记载，北宋毕昇发明了胶泥活字印刷术。展柜中，一个长方形盒
子里装着一组形如印章
的小方块，这是仿照
毕昇工艺复制的胶泥活
字。胶泥活字是最早出
现的活字，到了明清
时期，活字材质更为多
样，木、铜、泥、锡、
铅等多种并用。

　　元代王祯发明的转
轮排字盘大幅提高了活

中国印刷博物馆序厅：前为转轮排字盘，后为《梦溪笔谈》

字印刷的工作效率。展厅里再现了转轮排字盘的使用场景：宽大的圆形转盘上，整齐排列着密密麻麻的木活字，旁边的工人在转动木盘，寻找需要使用的活字。转轮排字盘是世界上最早的排字机械设备，将木活字按韵和型号排列在木制转盘上。通过转动木盘，工人坐着就可以取出所需的字，大大降低了劳动强度。

讲述发展故事

中国古代造纸术和印刷术传到西方，对西方文明产生了重要影响。近代西方工业化的印刷术又传到中国，推动中国印刷业发展。

清末美华书馆出版的《地理问答》，又新印刷所印制的1920年版《共产党宣言》，1934年上海三一印刷公司胶版印刷的彩色月刊《美术生活》创刊号……在"印行天下"展厅，一件件展品反映了西方近代印刷术传入中国后的影响以及中国民族印刷业的兴起。

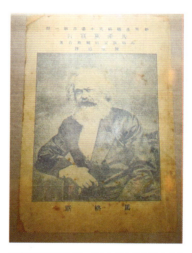

又新印刷所印制的1920年版《共产党宣言》

民国时期，商务印书馆、中华书局等成为民族印刷企业的杰出代表。展厅中央摆放着一台1929年制造的手扳式印刷机，乌黑的铁制机身朴实低调，但其上镶嵌的"国难后修整"铜铭牌彰显了它的特殊——它是1932年"一·二八"事变后商务印书馆从废墟中清理出来的，见证了民族印刷企业在战火中的涅槃重生。

20世纪30年代初期，革命根据地印刷厂的建立拉开了红色印刷业发展的序幕。一台小巧轻便的木制印刷机吸引了观众的目光。它仅有小手提箱大小，

"马背上的印刷机"

重量才30多千克，拆卸装配都很方便，一头骡子就可以拉走。它是抗战期间为满足游击办报的需要而制造的，被称为"马背上的印刷机"。展厅里还展示了革命根据地印刷出版的报刊和书籍，这些红色文物讲述着老一辈印刷人在民族危亡关头艰苦奋斗、不懈抗争的故事。

新中国成立后，民族印刷企业和红色印刷工厂共同组成新兴的中国印刷工业，成为新中国工业化的一支重要力量。

为推动汉字印刷技术发展，1974年8月，国家重点科技攻关项目"汉字信息处理系统工程"（简称"748工程"）启动。北京大学王选教授作为"748工程"的技术总负责人，主持研

王选主持研发的汉字激光照排系统样机

发了汉字激光照排系统，将汉字通过点阵和计算的方法进行压缩，让计算机可以识别汉字，解决了汉字信息处理与印刷出版结合的难题。从此，中国印刷业告别"铅与火"，进入"光与电"的时代。

"748工程"开展的请示报告、王选的研究手稿、激光照排系统样机、使用原理性样机成功排出的首部样书……它们见证了汉字激光照排系统的诞生历程。馆中还展出了1987年5月22日的《经济日报》，这是激光照排技术首次应用于中国报业的实例。在它旁边还陈列着《经济日报》使用的最后一块铅版，二者无声地诉说着中国印刷业从铅火到光电的蜕变。

体验印刷文化

走进"印机宝藏"展厅，各式各样的印刷机械设备令人大开眼界。铅字铸排机、手动照排机、1892年奥地利生产的石版印刷机、世界现存

"印机宝藏"展厅

唯一一台由美国米力公司1926年制造的双全张双色胶印机……这些机器中年代最早的是1865年，最晚的到20世纪90年代初期，涵盖了印前、印刷和印后加工全流程所需的设备。

研墨、刷墨、拓印、起纸，一幅幅精美的生肖图或节气图呈现在纸上；用木槌、水盆、纸帘、刮水板等工具，按照《天工开物》记载的造纸流程图亲手制造一张纸……在博物馆一楼的互动体验区，有趣的互动体验项目让青少年感受到传统印刷文化的魅力。

作为全国爱国主义教育示范基地、全国科普教育基地，中国印刷博物馆依托馆藏文物资源，做好展览展示和宣传教育，推出"中华印刷之光专题展""版化万象——馆藏木版年画展"等原创巡展，举办建党百年

小朋友在馆内体验印刷彩画

印刷出版专题展、改革开放40周年印刷成就展等专题展，为社会大众提供红色主题参观、党史学习课等服务，并开展了多种传统文化体验活动。观众在博物馆可以体验古法造纸制扇、十二生肖雕版印刷、古诗词活字印刷、彩色套印年画、线装书装帧等，制作属于自己的传统文化礼品带回家。此外，中国印刷博物馆还开展"我在博物馆的一天""印博进校园、课程进课堂"和送展进社区等活动，以多种形式让印刷文化飞入百姓家、植根中小学生心里。

本文图片均由中国印刷博物馆提供

领略自然魅力　品读生命史诗

朱金宜 / 文

　　背靠天坛公园，面朝天桥艺术中心，一座"山"字形米黄色建筑安静地坐落于北京中轴线南端，这就是国家自然博物馆。

　　国家自然博物馆是新中国依靠自身力量筹建的第一座大型自然博物馆，其前身是1951年4月成立的中央自然博物馆筹备处，1962年命名为北京自然博物馆，2023年更名为国家自然博物馆。馆内收藏30多万件标本，基本陈列以生物进化为主线、生物多样性为主题，包括古生物、动物、植物、人类四大内容板块，生动展示地球变迁和生命起源、发展的全景图，让观众感受自然之美、造物之奇。

探寻远古生物奥秘

在国家自然博物馆馆徽上，有一个"长脖子大块头"的剪影，它是井研马门溪龙。身长26米的它，脖子长度占身体的一半，是世界上迄今发现的脖子占比最大的恐龙。

走进古爬行动物厅，井研马门溪龙骨架格外引人注目。国家自然博物馆讲解员杨静介绍，井研马门溪龙生活在1.5亿年前，是侏罗纪晚期的植食性恐龙，由于身躯庞大、行动迟缓，长长的脖子能帮助它减少身体移动，高效地获取树叶等食物。

井研马门溪龙骨架标本

在井研马门溪龙这个"大块头"身旁，身长约6米、站起来约2米高的许氏禄丰龙只能算"小个子"。虽然貌不惊人，许氏禄丰龙却有"中国第一龙"的美称，它是由中国科学家自主发现、研究并命名的第一条恐龙。1939年，古生物学家、国家自然博物馆首任馆长杨钟健在云南禄丰发掘出恐龙骨架化石，1941年将其命名为许氏禄丰龙。许氏禄丰龙生活在2亿多年前，是目前已知中国境内生存时代最早的恐龙之一。1958年，中国邮政发行了一套三枚古生物纪念邮票，其中一枚是许氏禄丰龙的骨架和复原图，这是全世界第一枚恐龙邮票。

展厅里还能看到世界上最完好的恐龙蛋窝、岩层双面都有恐龙脚印

鹦鹉嘴龙化石（上）、华夏翼龙化石（下）　杜建坡摄

的化石板等，它们记录着恐龙族群的生存印迹，唤起人们对这些古老生命及其生存环境的遐想。

古哺乳动物厅以暖黄色为背景色，这是古哺乳动物化石原始埋藏地层中的岩石颜色。这个展厅里也有一大一小两种"明星动物"。

大的是黄河象。20世纪80年代的小学语文课本中有一篇文章专门介绍黄河象。黄河象生活在200万年前，学名叫师氏剑齿象。剑齿象是一种已灭绝的古象，其化石仅见于亚洲和非洲，大多是头骨或牙齿等局部的化石。1973年，甘肃省合水县出土了一具世界上迄今所见最完整的剑齿象骨骼化石，除了尾骨之外，其他部分都保存完好，在100多块脚趾骨中，连三四厘米长的末端趾骨也没有缺失。因其出土地位于黄河流域，故被称为黄河象。展厅里展示了黄河象头骨化石，从它宽阔的方脑门、3米长的象牙来判断，这是一头公象。

小的叫中华侏罗兽。它生活在1.6亿年前（晚侏罗世），是目前已知生存年代最早的真兽类哺乳动物。"人类也属于真兽类哺乳动物，因此中华侏罗兽可以说是人类的老祖宗。"杨静介绍，2009年科研人员在辽宁省建昌县玲珑塔地区发现了中华侏罗兽化石，这一发现为哺乳动物起源和演化史研究树立了新的里程碑。科学家研究认为，中华侏罗兽体形很小，身长仅10厘米左右，体重可

师氏剑齿象（黄河象）化石　杜建坡摄

中华侏罗兽标本复制品和复原模型

"无脊椎动物的繁荣"展厅的珊瑚生态模拟景观

能只有10克。从细长的手指指节推测它应该会爬树，大部分时间待在树上，以躲避食肉恐龙的攻击。展厅里陈列着中华侏罗兽标本复制品和3D打印的中华侏罗兽复原模型，让观众可以直观地看到它的可爱模样。

"无脊椎动物的繁荣"展厅展现了寒武纪生命大爆发等地球历史上的重大事件。丰富多彩的澄江动物群化石、壮美的远古海洋生物复原景观等令人大饱眼福。

人与自然和谐共生

告别古生物的旧影，走近奇趣多彩的现生动植物。

"神奇的非洲"展厅采用环形全景画展示技术，将地面地形与背景画自然衔接，展现出旷远而又逼真的非洲原野景观：当狮子凶悍捕猎时，长颈鹿在附近的溪边饮水；草原狒狒偷走一枚鸵鸟蛋，擅长奔跑的鸵鸟紧随其后、穷追不舍；夜晚的原野并不宁静，王猎豹将捕获的猎物挂在树梢，却引来斑鬣狗的围堵……

"动物——人类的朋友"展厅收藏着一份来自新西兰坎特伯雷国家博物馆的珍贵礼物——中国国内现存唯一的恐鸟标本。恐鸟是新西兰特有的

来自新西兰的恐鸟标本

大型鸟类，虽名为鸟，却不会飞翔。新西兰广阔的森林和丰富的水资源为恐鸟提供了优越的生存环境，"一夫一妻制"的恐鸟伴侣相伴终生，雌性恐鸟每次只产一枚蛋。然而，随着人类登岛定居，恐鸟的生存环境被破坏，它们成为人类猎杀的目标。大约200多年前，世界上最后一只恐鸟被猎杀，这一物种由此消亡，如今人们只能通过标本来了解恐鸟的样貌。

走进"植物世界"，植物家族亿万年的绿色史诗铺展在眼前。这一展厅通过大量植物化石标本和植物复原景观等，全面系统地介绍了植物诞生、演化的过程以及植物在人类生产生活中的重要作用。

与自然界的朋友们打过照面后，"我是谁？我从哪里来？"的问题呼之欲出，观众可以在"人之由来"展厅寻找答案。展览分为"认识你自己"和"现代人之由来"两部分，用标本、图板、投影等多种手段，讲述人类进化的故事。这里展出了多种具有代表性的古人类化石，包括元谋人的胫骨化石。生活在距今100万年以上的元谋人，是中国已知年代最早的古人类。1965年，科学家在云南省元谋县发现两枚人类门齿化石。

1984年12月，国家自然博物馆野外考察队在元谋人牙齿化石出土地附近发现了一段元谋人左侧胫骨骨干化石。科学家根据这段胫骨化石测算出元谋人的身高大约在123.6—130.4厘米之间。

元谋人胫骨化石

趣味科普深受欢迎

自然博物馆关注地球上的生灵万物，揭示大自然的奇妙，格外受孩子们喜爱。在"植物世界"展厅，孩子们利用课余时间来这里学习植物的妙用：香料、染料、油料、药材、食物……"植物不会说话，但用处可真不少！"孩子们赞叹不已。

根据青少年的兴趣和需求，国家自然博物馆设立了探索自然奥秘的互动体验空间，策划了一系列科普教育活动，让青少年在快乐体验中亲近自然、学习知识。

走进"恐龙公园"互动体验区，孩子们的欢笑声不绝于耳。在这里，可以看到庞大的峨眉龙躲在树林中，高高抬起脖子啃食蕨类植物顶端的嫩枝，它肚子下面还有一只小小的盐都龙在躲避食肉恐龙的侵袭；翼龙在天空中悠然地滑翔，俯视着地面上的恐龙争斗；马门溪龙摆动着蟒蛇一样的长脖子，似乎想吓退敌人……

"我馆利用先进技术手段，让这些恐龙不只会摇头摆尾、张牙舞爪，还会做眨眼、喘气等细小动作，显得更加逼真。"杨静说。

国家自然博物馆还设有"探索角"实验活动区和科普教室，连续多年开展"自然学堂""实验乐翻天"等科普活动，以互动教学、动手实验、分组讨论等方式，培养孩子们对科研的兴趣，引导孩子们学习探索自然奥秘的方法。

"大朋友"可以参加哪些活动？"赛先生来了"是国家自然博物馆推出的展厅互动式解说活动，通过专家讲解和触摸、观察、肢体互动等方式，让观众对自然科学知识有更加深入的了解。

为了全面利用博物馆资源、错时服务公众，每年暑期，国家自然博物馆都会举办"博物馆之夜"活动，包括表演、有奖竞猜、亲子互动等内容。2022年"博物馆之夜"推出"博物夜谈——这里是北京"专题，邀请学者畅谈北京的自然风物，并在抖音等平台实时直播，吸引了许多

恐龙世界　杜建坡摄

观众收看。

国家自然博物馆精心策划的展览多次走出国门，"中国恐龙展"曾先后在新加坡、日本、瑞典、芬兰、美国、澳大利亚、意大利等国展出，取得良好反响。

"自然的内涵和外延很大，未来的自然博物馆不能仅停留在生命科学领域，还要和环境保护、生物多样性、可持续发展等议题相融合。"国家自然博物馆副馆长张玉光说，国家自然博物馆将以更加开放包容的姿态，进一步做好标本收集整理和科学研究工作，充分运用数字化和多媒体展示方式，为公众提供更多高质量的文化产品和服务，更好地阐释人与自然和谐共生的发展理念。

除特别注明外，本文图片均由国家自然博物馆提供

北京天文馆

北京天文馆

仰望浩瀚星空　探索宇宙奥秘

邹雅婷 / 文

你知道"宇宙灯塔"是什么吗？太阳的一生有多长？"中国天眼"（FAST）是如何观测宇宙的？走进北京天文馆，这些问题都能找到答案。

北京天文馆于1957年正式对外开放，是中国第一座大型天文馆。馆内丰富多彩的展览项目、先进的科普教育设施，让观众在有趣的参观和体验中了解宇宙的奥秘。

享誉世界的北京古观象台是明清两代皇家天文台，隶属于北京天文馆。台顶展出的8件清代大型天文仪器是国家一级文物，堪称中国天文国宝。

精彩展览揭秘宇宙

北京天文馆包含A、B两馆，B馆的"宇宙畅游"展览为馆内常设展览。展览内容不拘泥于传统的基础天文知识，考虑到不同观众的观展需求，通过静态展示、动态展示和交互体验等方式，全面、生动地展示宇宙相关知识和最新前沿动态。

走进月球陨石厅，1：1比例的"玉兔号"月球车模型吸引了不少观众。"玉兔号"是中国首辆月球车，2013年12月着陆在月球表面虹湾地区，对月球进行考察探测。

月球陨石厅

"玉兔号"月球车模型

"这个玻璃瓶里陈列着1978年美国赠送给我国的月岩，它由阿波罗17号载人飞船采集。这1克珍贵的月岩被分为两份，其中0.5克放在中国科学院进行分析研究，剩下的0.5克在北京天文馆展出。"北京天文馆讲解员单月说，2020年12月，"嫦娥五号"返回器带回了1731克月球样品，中国从此拥有了自主采集的月球实物资料。

"陨石部落"展区里陈列着从馆藏陨石中精选出来的20块陨石。大部分陨石来源于火星和木星之间的小行星带，少量陨石来自月球和火星。陨石在降落过程中穿过大气层，摩擦产生高温，表面会有一层因燃烧而形成的黑色熔壳，

"星星相伴"展区

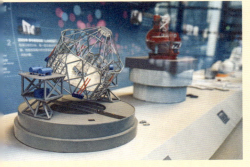

望远镜模型

"宇宙灯塔"展区

还有气流摩擦留下的气印。展柜上有3块石头，观众可以看一看、摸一摸，判断哪块才是真正的陨石。

"这个滑梯真好玩！""星星相伴"展区里很多孩子兴致勃勃地玩耍。两个颜色亮丽的球体之间有一座滑梯，较大的球体代表红巨星，另一颗代表白矮星，这两颗星球彼此绕转、相互作用，小朋友从大球滑行到小球，象征物质从红巨星被吸引到白矮星表面。

"宇宙灯塔"展区以高大的动态交互模型展示了宇宙中一种典型的致密天体——脉冲星。脉冲星以电磁辐射的形式向宇宙释放能量，射电波束周期性地扫过地球，就像大海中引导船舶航行的灯塔，故有"宇宙灯塔"之称。

"巨眼观天"展区将望远镜400多年的发展史娓娓道来，观众可以看到10个具有代表性的光学望远镜模型，了解中国最大的光学望远镜LAMOST和最大的射电望远镜FAST的结构和工作过程。

　　在太阳厅，一个精细的太阳模型展示了太阳的分层结构和太阳活动现象。太阳由里到外分别是核反应区、辐射层、对流层、光球层、色球层。太阳的体积可以容纳约130万个地球，质量是地球的33万倍，表面温度高达6000摄氏度。

"太阳家族"展区

　　B馆地下一层的展览让观众体验奇妙的宇宙穿梭之旅。"宇宙演化"动态雕塑展示了宇宙形成、演化的历程，拉开穿梭宇宙的序幕；接着引领观众动手体验"宇宙尺度"，了解人类认识宇宙的深度；然后走出太阳系，寻找"系外行星"；通过"引力透镜"，欣赏宇宙中的天体变形像；在神秘的"黑洞"附近，可以尝试"逃离黑洞"；还可以转动转盘，点亮"宇宙树"，了解多层级"天体系统"；最后，进行"时空穿梭"，领略遨游宇宙的乐趣。

古台观星举世闻名

在北京市东城区建国门立交桥西南角，一座古朴的高台式建筑巍然矗立。这便是建于明正统七年（1442年）的古观象台，是世界上现存最古老的天文台之一。台高14米，东西长约24米，南北宽20余米。台上南、西、北三面放置着8件气势雄伟、铸造精良的清代天文观测仪器，包括天体仪、赤道经纬仪、黄道经纬仪、地平经仪、象限仪、纪限仪、玑衡抚辰仪、地平经纬仪。

步入台下小院，仿佛走进了历史画卷——上百年树龄的古槐虬枝苍劲，紫微殿顶的脊兽翘首观天，浑仪、简仪、正方案等古代天文测量仪复制件静静陈列，记录着斗转星移、日升月落。

紫微殿和东、西厢房3个展厅，分别设有"中国星空""西学东渐""灵台仪象"3个主题展览。"中国星空"集中展示了中国古代天文学的辉煌成就。"西学东渐"讲述了明末以来西方天文学传入中国，并与中国传统天文学碰撞、融合的过程。"灵台仪象"介绍了古观象台的历史沿革以及古台所藏天文仪器在20世纪被掠夺、归还、转运的经历。

北京地区的古天文台早在金代就已出现。元代建有司天台，后毁于战乱。明正统年间，在元大都城墙东南角楼旧址上修建观星台，台上放置浑仪、简仪、浑象等天文仪器，并在城墙下建紫微殿等，后又增修晷

清代天体仪

影堂。清代改观星台为观象台，先后制造了8架大型铜制天文仪器。

　　中国传统天文仪器中有一类专用于演示浑天宇宙和日月星辰东升西落的装置，通称浑象，汉代张衡制造的浑天仪就是最早的浑象。清康熙年间新制六仪中的浑象称"天体仪"，因其重要的象征作用，被誉为"诸仪之统"。古观象台现藏的这架天体仪是中国历朝唯一存世的浑象，由比利时传教士南怀仁于1673年设计制造，重3850千克，高2.735米。它的主要功能为演示天体的运动，进行黄道坐标、赤道坐标和地平坐标的换算。

　　玑衡抚辰仪是乾隆帝命钦天监按照浑仪的制度、西法的刻度铸造的一架新仪器，由德国传教士戴进贤等人制造，重5145千克，高3.379米，功能与赤道经纬仪类似。玑衡抚辰仪的铸造历经10年，于乾隆十九年（1754年）完工。这也是中国最后一架大型青铜仪器。

　　北京古观象台以历史悠久、仪器精美齐全而闻名于世。1871年，英国摄影师约翰·汤姆逊拍摄了古观象台的照片，将其印于画册中，让西方人看到中国观象台的风采。

1900年八国联军侵入北京，德、法两国侵略者劫走了台顶的8件清代仪器和台下的明代浑仪、简仪。法国所劫仪器在1902年归还；德国于1921年根据《凡尔赛和约》规定，将5件仪器送回中国。

1929年，古观象台改为国立天文陈列馆，结束了近500年的连续天文观测活动。古观象台不仅积累了大量天文科学资料，还保存着清雍正二年（1724年）至光绪二十八年（1902年）近180年间的气象资料。这些资料是世界上现存最早、最完整的气象观测记录。

新中国成立后，有关部门多次对古观象台进行修缮。1982年，北京古观象台被列为全国重点文物保护单位，1983年重新对外开放，吸引着世界各地游客慕名前来参观。

天文科普寓教于乐

直径23米的球幕上，四季星空变幻闪耀，北斗七星、牛郎星织女星、飞马座、猎户座等轮番登场……北京天文馆A馆天象厅播放的影片《奇妙的星空》，让观众沉浸式欣赏壮美星空，视觉效果令人赞叹。

北京天文馆天象厅是中国大陆地区最大的地平式天象厅，拥有蔡司九型光学天象仪和全天域数字投影系统等先进设备，不仅能逼真展现地球上肉眼可见的6000余颗恒星，而且能提供高达8K分辨率的球幕影像，此外，还能实现虚拟天象演示、数字节目播放等功能。B馆内有宇宙剧场、4D剧场、3D剧场3个科普剧场，其中，直径为18米的宇宙剧场拥有标准半球全天域银幕，能呈现出气势恢宏的立体天幕效果。

近年来，北京天文馆推出一系列高品质天文科普节目，《奔向月球》荣获第十届国际科教影视展评"中国龙奖"金奖，《宇宙大爆炸》获第七

天象厅

届"中国科普作家协会优秀科普作品奖"科普影视动画类金奖。

除科普剧场外，北京天文馆还有天文展厅、太阳观测台、大众天文台、天文教室等科普教育设施，不断推出新的科普展览，以多种方式满足公众的天文科普需求。全国中学生天文知识竞赛、"流动天文馆"、天文科普讲座、天文夏（冬）令营、天文摄影师大赛等活动已成为有口皆碑的品牌活动。北京天文馆还积极开展线上直播活动，在多个平台进行天象直播，让更多人爱上星空、爱上天文。

本文图片均由北京天文馆提供

黑龙江省民族博物馆

黑龙江省民族博物馆

古今交融　民族之花绽放异彩

张艺开 / 文

　　在黑龙江省哈尔滨市中心地段，不同于街头巷尾常见的东方巴洛克风格建筑，一座三进式仿清院落巍然矗立，朱墙金瓦，格外醒目。这是全国重点文物保护单位、东北地区现存最大的文庙——哈尔滨文庙，也是黑龙江省民族博物馆所在地。

　　哈尔滨文庙始建于1926年，落成于1929年，占地2.5万平方米，建筑面积5674平方米。黑龙江省民族博物馆以文庙为馆舍，1988年对外开放，是全国首家省级专业性民族博物馆。

俯瞰哈尔滨文庙

文庙建筑别具一格

万仞宫墙、泮池、大成殿、崇圣祠、《哈尔滨文庙碑记》碑……从东牌楼走进文庙，松柏榆槐掩映下，几十处景观错落有致。

东、西牌楼分列第一院落两侧，均为庑殿顶建筑，黄琉璃瓦之下是旋子彩绘。东牌楼叫"礼门"，题有金字"德配天地"；西牌楼叫"义路"，题字"道冠古今"。这寓意孔子之德与天地共存，儒家思想贯通古今。

为何不从正门进入？原来，哈尔滨文庙没有正门。民间约定俗成，无论何地建成孔庙，都必须由当地当朝的状元前来祭祀孔子，然后才能修建正门。由于哈尔滨文庙建于民国，科举已废，再无状元，因此用万仞宫墙取代了正门的位置。

第一院落南侧，万仞宫墙的雕花砖墙与文庙围墙连为一体，墙体中心与四角均镶有以花卉图案为主的彩釉琉璃雕花砖，墙脊覆盖黄琉璃瓦，瓦当中心饰有活灵活现的九曲龙图案。

宫墙往前，半圆形泮池上，泮桥跨池而建。泮池如月，虹桥飞架，白玉雕栏，剔透玲珑。"在古代，只有状元才能走在这桥上。"一名游客感叹道。

文庙主殿大成殿位于第二院落，重檐庑殿顶倍显庄重大气，檐下的斗拱配以"金龙和玺"彩绘，双重飞檐中间，海蓝色竖匾上木刻贴金群龙环绕着"大成殿"三个字。龙凤、天马、獬豸、斗牛……大成殿顶层飞檐上设有9尊脊兽，按照传统规制，只能摆设6尊脊兽。据介绍，大成殿整体规格和皇家建筑规模相同，因为建在民国年间，所以打破了原有的格局和束缚。

大成殿正对面，朱红色的大成门同样按最高规格装配。门上按照皇宫礼制镶有九九八十一颗门钉，门前的汉白玉浮雕又称"丹陛"，双龙戏珠之下，山海图案相连，寓意风调雨顺、江山永固。

哈尔滨文庙大成殿

哈尔滨文庙建于国家内忧外患之时，第二院落东南角的石碑上刻有爱国将领张学良所写的《哈尔滨文庙碑记》："哈尔滨据松花江上游，东省铁路横贯其间，欧亚商旅麇集而鹑居，列肆连廛，言庞俗杂""学校渤兴，不可废崇祀先圣之典""君子之敷教也，必端其本"……

张学良点明，修建文庙，对于抵制文化侵略、振奋民族精神有积极作用。碑文中洋溢出的爱国之情、兴邦之志，令人感动。

民族文化多姿多彩

黑龙江省是一个多民族聚居的边疆省份，除汉族外，有10个世居于此的少数民族。以赫哲族、鄂伦春族、鄂温克族、达斡尔族为代表的渔猎文化，以蒙古族为代表的草原游牧文化，以满族、锡伯族、回族、朝鲜族、柯尔克孜族为代表的农耕文化，基本涵盖了人类社会工业时代之前的主要文化类型，蕴含着人与自然和谐共生的理念。

黑龙江省民族博物馆建馆以来，致力于收藏、研究和展示黑龙江少数民族文物，曾多次派专人赴省内外、俄罗斯少数民族地区开展调查，征集文物藏品。馆内现有藏品1万余件。

赫哲族的鱼皮服饰、鄂温克族的撮罗子、达斡尔族的绣花鞋……大小配殿内，丰富多彩的

赫哲族传统鱼皮服饰

展品讲述着黑土地上各民族交融发展的故事，生动再现了少数民族传统生产生活场景。

"黑土文明 多彩龙江——黑龙江省世居少数民族历史文化陈列"是黑龙江省民族博物馆的基本陈列。"远古回声"单元通过实物和图文展板，介绍了距今5万年至3000年间黑龙江地区古代文化的起源、分布及发展。玉环、玉匕、玉玦晶莹翠绿，并排躺在展柜里。这些精美玉器竟是由9000年前的小南山先民制作出来的。据介绍，饶河县小南山遗址存在5个不同时期的文化遗存，时间跨度1.5万余年，遗址中发现了东亚地区系统用玉最早的证据。小南山遗址的发现，对构建黑龙江下游乃至东北亚地区考古学文化序列意义重大，证明了白山黑水间的渔猎先民在中国古代文明早期进程中发挥了独特的作用。

在蒙古族文化单元，可以看到蒙古族人民喜爱的马头琴，听到由马头琴伴奏的蒙古长调。蒙古长调悠扬舒缓、气息绵长，以极富装饰性的旋律和华彩唱法最具特色，歌手演唱时会融入自己对生活的感悟。2005年，"蒙古族长调民歌"被联合国教科文组织列入第三批"人类口头和非物质遗产代表作"。

一艘造型别致的木船吸引了观众的目光。这是鄂伦春人的桦皮船，船身头尖尾锐，呈流线型，以樟子松做骨架，周身没有一个铁钉，烘烤后密不透水。稍大的桦皮船一个人就可以扛走，划行

鄂伦春族桦皮船

鄂伦春族人制卍字盘肠纹兽皮包

时轻巧无声，乘船捕鱼不会惊动鱼群。

一块木板上画着威武壮硕的骏马，这在柯尔克孜语中被称作"鄂孜拉"，寓意"马神"。在柯尔克孜族，有马之家会选出一匹良马作为神马，象征祖先骑着此马看护自家的畜群；没有马的人家就会画一匹马，挂在屋子西南角，以求庇护。

步入"传统与现代"展区，不少人在AR试衣镜前兴致勃勃地体验。轻轻一点，即可在镜中试穿10个少数民族的特色服饰，还能拍照留念。

在兽皮工艺单元，鄂伦春族狍皮长袍、拼色兽皮包等引得观众啧啧赞叹。用兽皮制成的衣服耐磨、御寒，穿戴和行动时声音都极小，特别适宜东北地区的寒冷气候和爬山穿林的游猎生活。鄂伦春族兽皮衣饰制作原料主要是狍皮、鹿皮和犴皮，尤以狍皮最多，鄂伦春族狍皮制作技艺已列入国家级非物质文化遗产名录。

专题展览"美美与共——黑龙江世居少数民族服饰中的中华民族共同体意识"2022年6月对外开放，被评为"2022年度博物馆100个热门展览"之一。展览

制于1953年的鄂伦春族镶黑皮花边少女狍皮袄（国家一级文物）

围绕"铸牢中华民族共同体意识"的核心思想，遴选出50件（套）具有典型代表意义的馆藏民族服饰，通过解读服饰材质、款式、纹饰等方面的文化信息和演变过程，呈现各民族交流、交往、交融的历史，进而阐述中华民族共同体的形成过程。

蒙古族科尔沁部红布质女长袍

蒙古族科尔沁部红布质女长袍是民族文化交融的生动写照。科尔沁部是蒙古族二十八部落之一，清代因为地缘相近和持续的姻亲关系，成为满族最紧密的政治军事同盟。密切的交往使满蒙服饰呈现高度融合的趋势。这套蒙古族女长袍与清代满族女子的直袖氅衣有许多相似的特点：大襟、右衽、窄袖、左右高开衩、开衩处刺绣如意图案，领、袖、襟刺绣镶边，采用红、黑色彩搭配。

清代一等官员
布面盔甲

清代一等官员布面盔甲刺绣精美，引人注目。清代统治者传承和吸收中原汉文化，其服饰制度承袭了明代严格的等级规范。《钦定大清会典事例·盔甲之制》规定："官员盔甲区为三等：一、二品官为一等，盔之护项、护耳、护颈、甲衣前后、甲裳左右肩、护腋、遮裆、左裆，共绣团蟒十有五。"这套布面盔甲周身绣15条蟒纹，为清代一等官员所穿的甲胄。

社教活动推陈出新

"启——户——"随着鸣赞指令，大成门缓缓开启，身穿汉服的孩子们登上泮桥，走到大成殿前，在启蒙老师的指导下做"天揖"敬拜孔子。

随后是"执笔敬书"环节：蒙师一边叮嘱"三人行必有我师，学习要先从做人开始，要与人为善、团结互助"，一边与孩子共同执笔完成"人"字的书写。

每年开学季，都有很多学生来哈尔滨文庙参加"开蒙礼"。古时，儿童在进学之前，要举行象征破蒙启智的"开蒙礼"。历经千年传承，"开蒙礼"依然发挥着"人生第一课"的重要作用。

"'开蒙礼'能引导孩子尊敬师长、对知识心存敬重，令人受益终

哈尔滨文庙"开蒙礼"活动现场

身。"参加过活动的一位家长说。

开蒙礼、拜师礼、毕业礼、成人礼、誓师大会、登龙门……黑龙江省民族博物馆立足文庙资源，充分发挥教育职能，积极搭建与学校、企业、社会团体的合作平台，平均每年开展传统文化教育活动70余场，吸引近10万名学生参与。

2006年，哈尔滨文庙中断60多年的祭孔活动首次恢复。此后，每年9月28日都会举行祭孔大典。

黑龙江省民族博物馆策划推出大型传统文化巡展"垂教千秋——先师孔子传"，每至一校，学生们齐诵《论语》名句、参观展览、聆听讲座。博物馆还充分运用新技术，将文物文化资源搬上"云端"。VR游、云展、少数民族知识线上答题……丰富多彩的线上活动，备受公众欢迎。

本文图片均由黑龙江省民族博物馆提供

大连自然博物馆

大连自然博物馆

走近缤纷海洋　探访"神奇动物"

刘洪超 / 文

　　岬湾之中，涨潮时，黑色礁石在水面或隐或现，神秘莫测；退潮时，漆黑岩体层层叠叠，如凝固的海浪。这里就是距离辽宁省大连市市区最近的地质景点——黑石礁国家地质公园。

　　在黑石礁国家地质公园内，一座三面环海的白墙蓝顶欧式建筑引人注目。这就是有着百余年历史的国家一级博物馆——大连自然博物馆。

　　大连自然博物馆是一座集收藏、研究、展示于一体的综合性自然科学博物馆，馆藏动物、植物和矿藏标本20余万件，其中珍贵标本6000余件。展陈面积近8000平方米，基本陈列以"自然与人"为主题，采用主题单元展示法布展，体现人类、生物、环境的相互依存关系，突出"天人共泰、物我同舟"的人与自然共生理念。

大连自然博物馆外观

　　该馆曾荣获"全国博物馆十大陈列展览精品奖"及"最佳新材料、新技术运用奖"，并被授予"全国青少年科技教育基地""全国野生动物保护科普教育基地""辽宁省爱国主义教育基地"等多个荣誉称号。

百年历史　馆藏丰富

　　大连自然博物馆的建馆史可追溯至1907年，其前身曾被命名为"东北地质博物馆""东北资源馆"等，1959年正式定名为大连自然博物馆，由郭沫若题写馆名。原馆址位于19世纪末修建的达里尼市政厅大楼，该建筑1996年被列为全国重点文物保护单位。

　　1998年，大连自然博物馆新馆建成并对外开放。馆内设有地球、恐龙、海洋生物、东北森林动物、湿地、物种多样性、辽西古生物化石等12个展厅，展示标本超5100件。其中，海洋生物、大连第四纪古生物化石、辽西化石、东北野生动植物、非洲动物等为特色展示。

　　走进序厅，一幅长22米、高3米的巨型浮雕艺术地表现了"自然与人"的主题。在恐龙展厅，长度超过40米的半景画配上栩栩如生的恐龙

模型，生动展示了恐龙这一"地球霸主"从诞生、发展、繁荣至灭亡的全过程。在物种多样性展厅，按下互动展示区的按钮，就能听到近30种鸟的鸣叫。走进东北森林动物展厅，仿佛进入茂密的原始森林，各种动物出没于林间，呈现出生机勃勃的景象。鱼类多样性展厅系统介绍了海洋鱼类的相关知识，将生态文明和鱼类资源保护的理念贯穿于展览。海洋无脊椎动物暨海藻展厅通过1000余件色彩斑斓、形态各异的标本，展示出海洋无脊椎动物和海藻是一个种类繁多、生活方式多样的海洋生物大家族，共同维持着海洋生态系统的稳定。

明星展品　精彩纷呈

在序厅中央，一头成年雄性非洲象标本傲然挺立。非洲象是陆地上现存最大的哺乳动物。这件标本来自南非，肩高3米，重约6吨，是肯尼斯·贝林捐赠给大连自然博物馆的。馆内专门辟有肯尼斯·贝林展厅，这是国内第一个建成开放的非洲生态景观主题陈列，主要展示了贝林捐赠的100余件珍稀的非洲野生动物标本。

肯尼斯·贝林展厅（非洲动物展厅）

长须鲸标本

北太平洋露脊鲸标本

大连自然博物馆拥有海兽标本20余种，种类和数量在国内自然博物馆中名列前茅。大型海洋哺乳动物标本是该馆的突出特色之一，大型鲸类标本陈列在国内居首，重点标本为北太平洋露脊鲸、长须鲸、灰鲸、抹香鲸、虎鲸、白鱀豚等。

一头雌性北太平洋露脊鲸生态剥制标本横卧于展厅中，极具视觉冲击力。这头鲸全长17.1米，体重约66.7吨，是目前国内最重的鲸类动物标本，在亚洲也属罕见。北太平洋露脊鲸行动迟缓，喜栖息于海水上层，头部经常隐没在海面下，将光滑的背部露出水面，故名露脊鲸。在它旁边展示的小鲸标本是它的胎儿，工作人员制作标本时将其从母鲸腹中解剖出来，还没出生体长就有3米。

露脊鲸标本旁陈列的小须鲸双胞胎标本十分罕见。鲸类通常一胎只生一只幼崽，多胞胎极为少见。1972年，工作人员从一头雌性小须鲸腹内解剖出一对双胞胎胎儿，双胞胎共用一条脐带，长得一模一样。

小须鲸双胞胎胎儿标本

在热河生物群化石标本展区，一窝鹦鹉嘴龙化石引人注目。这是大连自然博物馆的"镇馆之宝"，是世界上迄今所见数量最多、保存最完整的鹦鹉嘴龙化石标本。这组化石2003年发现于辽宁省北票市，由34只鹦鹉嘴龙幼体和1只成年鹦鹉嘴龙个体组成。恐龙幼体与成年个体以整窝形式密集保存下来，证明鹦鹉嘴龙可能和现生鸟类一样具有育幼行为。这一发现对研究鸟臀类恐龙的个体发育、生活习性等具有重要价值，其研究成果2004年发表于国际知名期刊《自然》杂志上，在古生物学界产生了很大影响。

一窝鹦鹉嘴龙化石

在这一展区内，还有一件珍贵的杨氏锦州龙化石，这是辽西热河生物群首次发现的大型鸟臀类恐龙化石，也是中国乃至亚洲保存最完整的禽龙类化石之一。

杨氏锦州龙化石

它的发现丰富了热河生物群的类型，并为确定热河生物群的地层时代提供了有力的物证。

科研科普　相得益彰

在大连自然博物馆新生代展厅内，一匹憨态可掬的小马模型和旁边的化石引人驻足观看。20世纪80年代初，大连自然博物馆的科研工作者在大连古龙山遗址和海茂化石点发现了距今1.7万年的大连马化石。

新生代展区的展品基本依托于大连自然博物馆近几十年在大连地区陆域和附近海域开展的第四纪脊椎动物化石发掘与研究，重点展现大连地区新生代第四纪的考古发现成果和大连史前动物群的面貌。展出的标本以哺乳动物为主，重点展品除了大连马、大连榛鸡等模式标本，还有国内保存最完整的巨副驼、李氏野猪的头骨标本，首次在东北发现的泥河湾巨颏虎、德宁格尔洞熊、中国长鼻三趾马、泥河湾披毛犀、桑氏硕鬣狗等标本，具有重要的科研价值。

第四纪是新生代最新的一个纪，大约从260万年前开始，包括更新世和全新世。大连地区是中国第四纪研究的重点地区之一，大连自然博物馆的专家学者们多年来持续探索、研究，在辽南地区的陆地及附近海域收集了大量第四纪脊椎动物化石标本，发现了

大连马模式标本

几处重要的大型化石埋藏地，如瓦房店古龙山和大连海茂化石点，还有近些年发现并发掘至今的骆驼山金远洞、望海洞和里坨子穿海洞。

大连自然博物馆开发了藏品管理信息系统，运用三维扫描技术对馆藏标本的形式、结构特征、表面纹理进行系统采集和再现，从而更好地服务馆藏标本展示和科研工作。

为了让馆藏标本"活"起来，大连自然博物馆推出了以大连马为原型的三维动画"白星历险记"，根据7件馆藏模式标本建立化石复原模型和三维场景"热河生物群动物化石魔法重现"，以鹦鹉嘴龙窝状化石为灵感创作"鹦鹉嘴龙母子们的一天"，开发"龙博士课堂"等生动有趣的动画IP形象……

自2010年以来，大连自然博物馆推出以"走进博物馆、探索大自然"为主题的系列科普活动，包括小讲解员培训班、百科竞答活动、科普小庙会、博物馆探宝夜等，还把学校的生物课堂搬到了博物馆，指导青少年动手制作蝴蝶标本、植物叶脉书签、基因手链以及翻制化石模型等。舞台剧《野鸟》《白鲸传奇》、互动脱口秀恐龙主题小剧场等深受观众欢迎。大连自然博物馆还举办了面向高校的天文知识竞赛和面向成年人的达人秀邀请赛，均取得了良好反响。

本文图片均由大连自然博物馆提供

赤峰博物馆

赤峰博物馆

多彩文化　辉映红山

邹雅婷 / 文

　　赤峰市位于内蒙古自治区东南部、蒙冀辽三省区交会处，山川雄奇、资源丰富，孕育了多姿多彩的文化。城区东北部有一座赭红色山峰，赤峰市因其而得名。

　　在赤峰市新城区锡伯河畔，矗立着一座古朴典雅的建筑，这便是赤峰博物馆。该馆1987年正式成立，其前身是始建于1958年的昭乌达盟博物馆筹备处，2010年新馆建成并对外开放。2020年12月，赤峰博物馆被评为国家一级博物馆。

　　2021年3月，赤峰文博院成立，赤峰博物馆并入其中。2023年7月，赤峰文博院更名为赤峰博物院，下设赤峰博物馆馆区、辽代历史文化博物馆馆区等8个内设机构。

赤峰文脉源远流长

赤峰博物馆现藏文物8万余件（套），其中国家一级文物133件（套）。馆内设有"日出红山""古韵青铜""契丹华韵""和同一家"4个基本陈列，分别展示了赤峰的史前文化、草原青铜文化、辽文化、元明清时期文化。

走进"日出红山"展厅，一件件古动物化石和古老的石器、陶器诉说着赤峰的悠久历史。1972年在翁牛特旗发现的上窑遗址是一处旧石器时代考古遗址，距今约1.2万年。此后，小河西文化、兴隆洼文化、赵宝沟文化、红山文化、富河文化、小河沿文化一脉相承，组成赤峰地区新石器时代文化的绚烂图景。

兴隆洼文化有8000多年的历史，因发现于敖汉旗宝国吐乡兴隆洼村而得名。兴隆洼遗址总面积达6万平方米，发现有环壕、房址、居室墓、窖穴、灰坑等遗迹，是一处经过周密规划、统一营建的大型聚落遗址，被评为"1992年度全国十大考古新发现"之一，并入选"中国20世纪100项考古大发现"。

距兴隆洼遗址西北13公里的兴隆沟遗址，出土了上千粒碳化粟、黍颗粒标本。经专家鉴定，这些粟、黍颗粒均为人工栽培，年代约为距今8000年—7700年。根据目前的研究成果，专家推断兴隆沟是欧亚大陆最早种植粟、黍这两类谷物的地区。

赵宝沟文化距今7300年—6400年左右，因发现于敖汉旗高家窝铺乡赵宝沟村而得名。尊形器是赵宝沟文化的典型陶器之一。独立展柜中展示了一件鹿纹尊形器。腹部饰有两只鹿，首尾相衔，凌空翻飞，后部像鱼尾，尾上三角处有一半圆形图案，外围有一圈向心射线，如金光四射的太阳；躯干和四肢有精心刻画的细网格纹，两格之间相距仅1毫米，完全等距，精细程度令人惊叹。

凤形陶杯也是赵宝沟文化陶器。陶杯整体像一只鸟，其冠、尾的造型与古籍中记载的凤的形象颇为相似。

红山文化最初发现于赤峰红山后，以丰富精美的玉器闻名于世。玉勾云形器是红山文化典型玉器类型之一。馆藏红山文化玉勾云形器造型优美，上部对钻有一系孔，中间镂空部分为卷式勾云形。据介绍，这类玉器大多出土于等级较高的中心大墓，多置于墓主人胸前、腹部或头部，可能是巫师祭祀时使用的神器或法器，体现了红山先民高超的艺术水平。

赵宝沟文化鹿纹陶尊

赵宝沟文化凤形陶杯

红山文化玉勾云形器

金光釉彩交相辉映

　　中国的青铜时代开始于4000多年前，赤峰地区青铜文化的代表是夏家店下层文化和夏家店上层文化。夏家店下层文化距今约4200年—3600年，处于青铜时代早期。敖汉旗大甸子墓群是一处夏家店下层文化遗址，墓中出土了陶器、铜器、石器、骨器、玉器等，其中一件陶爵的形制与中原二里头文化的器物形制非常相似，说明夏家店下层文化很可能与中原文化存在交流。许多陶器上有彩绘纹饰，如云雷纹、饕餮纹等，是商周青铜礼器纹饰的滥觞。

　　展柜里展示着一件彩绘陶鬲，筒状腹，袋状足，口沿外卷，口沿上镶嵌4个贝壳，贝壳之间镶4个圆形蚌泡，器身用红白两种矿物质颜料绘制勾云形图案。据讲解员介绍，大甸子墓葬出土彩绘陶器200余件，但嵌有贝壳的陶鬲仅此一件，非常珍贵。

夏家店下层文化嵌贝彩绘陶鬲

夏家店上层文化距今3000年—2500年左右，相当于中原的西周至春秋时期，处于青铜时代的鼎盛时期。夏家店上层文化青铜器融中原和北方青铜文化风格于一体，以礼器、兵器、车马具和动物纹牌饰最具代表性。展厅里陈列着宁城县南山根和小黑石沟遗址出土的青铜矛、管銎斧、头盔、双联罐、四联罐、动物纹牌饰等，展现了夏家店上层文化青铜器的特色。

　　战国时期，赤峰是东胡的活动之地。燕昭王北击东胡后，设五郡，修长城，其中右北平郡郡治在赤峰宁城甸子乡。秦统一中国后，右北平郡成为秦三十六郡之一，汉代沿用。

　　赤峰出土的秦代铁权和陶量上刻有40字诏书，大意为：秦始皇二十六年（公元前221年），统一六国，百姓得到安宁，秦始皇立号为皇帝，下诏丞相隗状、王绾依法统一度量衡，凡不统一、不明确的，自下诏之日统一起来。由此可知，秦的统一政策在西辽河流域得到有效的贯彻实施。

战国鹰兽争斗铜牌饰

秦代铁权

契丹是中国北方一个古老的游牧民族，由鲜卑宇文部发展而来。公元916年，契丹首领耶律阿保机正式建立政权，号"契丹"，后改为"大辽"。公元1125年，辽为金所灭。赤峰地区是辽政治、经济和文化中心，辽五京之上京、中京分别坐落于巴林左旗和宁城县，辽祖陵、怀陵、庆陵也在赤峰境内。

四时捺钵是辽独创的政治制度。《辽史》记载："秋冬违寒，春夏避暑，随水草就畋渔，岁以为常。四时各有行在之所，谓之捺钵。"展厅里的臂鞲、鹿哨、三股铁叉等文物，为四时捺钵期间所用的渔猎用具。

辽三彩是受唐三彩影响而创烧的低温彩色釉陶制品，多用黄、白、绿三色釉，有人称其为草原色。馆藏鸳鸯形壶是辽三彩的代表作，出土于松山区王家店乡辽墓。壶体饰黄、白、绿三彩，圈足处无釉；整体造型如一只鸳鸯浮在水中，背上有一个五瓣花形注水口，注水口后部有一弧形提梁与尾部相连，鸳鸯的喙部做成壶嘴。这件三彩壶构思巧妙，羽翼线条刻画生动流畅，堪称艺术精品。

辽三彩鸳鸯形壶

辽代摩羯纹银鎏金提梁壶

辽金银器分为饮食器、生活用具、装饰品、马具、葬具等类别。花口鎏金錾刻莲花银盏及盏托、摩羯纹银鎏金提梁壶、鎏金錾刻凤形银钗、铜鎏金马带饰……这些金银器造型生动，工艺多样，体现出契丹文化、汉文化、佛教文化、西方文化的交流融合。

民族团结共谱华章

元代赤峰地区是连接内地与蒙古高原的枢纽，也是皇室姻亲弘吉剌部的封地所在。应昌城、全宁城等故城遗址出土了大量精美文物，见证了昔日的繁华。

元代绘画在中国美术史上有着突出的地位，但传世作品不算丰富，

元代彩绘壁画《夫妻对坐图》

清代虎钮"翁牛特札萨克"满蒙文银印

墓葬壁画作为元代画作的补充，具有重要价值。赤峰市元宝山区沙子山元墓中正墙壁画《夫妻对坐图》，描绘了男女墓主人端坐于紫色垂帘下的情景。男主人居左，身穿右衽蓝长袍，头戴圆顶式帽，帽缨上系红绫，宽脸庞，短胡须，浓眉红唇，神情威严。女主人居右，身着左衽紫长袍，外罩深蓝色开襟短衫，头作平髻，发上插簪，两耳垂环，袖手侧身面向男主人。男女主人身后分别有一男女侍童持物站立。

馆内还展示了沙子山元墓出土的《研茶图》《礼乐仪仗图》《山居图》等壁画。这些壁画为研究元代服饰、饮茶、礼仪制度、绘画艺术等提供了宝贵的一手资料。

清代通过强化满蒙贵族联姻、建立以封建游牧领地为基础的盟旗制、推崇黄教等举措，维护了政权稳定和民族团结。赤峰地区各民族友好相处，共同创造了农牧交错、多元融合的璀璨文化。

展厅里，虎钮"翁牛特札萨克"满蒙文银印、金粉手书藏文《甘珠尔经》、红漆楠木骨灰罐等珍贵文物诉说着一个个动人的历史故事。

固伦荣宪公主墓出土的华美金饰和袍服格外引人注目。固伦荣宪公

清代金粉手书藏文《甘珠尔经》

主是康熙皇帝的三女儿，19岁下嫁巴林右旗乌尔衮郡王，56岁病故。珍珠团龙袍是公主下葬时穿在最外层的袍服，明黄色缎面上用金丝穿缀珍珠绣成8条祥龙，分布在前身、后背、两肩及前后下摆，每条龙中间都用珍珠缀绣"寿"字。据介绍，龙袍上缀绣的数万颗珍珠均为米粒大小，是珍珠中的上品，采集非常不易。龙袍下摆用五彩丝线绣海水江崖，间以杂宝祥云。袖头和领口均有黑蓝色丝绸包边，并用金丝织出团花图案，图案正中各绣一"寿"字。这件龙袍图案绚丽，高贵典雅，巧夺天工，彰显了公主的尊贵身份。

近年来，赤峰博物馆通过合作办展、引进外展等方式，推出"双璧同辉——红山良渚文化展""大汉楚王——徐州汉代楚国精品文物展""西夏·党项——武威西夏历史文物展""江南生活美学"等精品展览。同时，结合地区历史文化特色，发挥展览和馆藏优势，开展了丰富多彩的社会教育活动，广受好评。

本文图片均由赤峰博物馆提供

山西地质博物馆

触摸地球脉动　感受生命变迁

付明丽 / 文

上方似玉璧横空，下方如巨石砌成的百宝盒，外披网格状"珠帘"——太原市汾河西畔这座别具匠心的建筑，便是山西地质博物馆，体现了"天圆地方"的建筑设计理念。

山西地质博物馆外观

山西地质博物馆于2017年5月1日正式对公众开放，共有藏品5.1万余件，包括山西特色岩石、矿产、古生物化石及世界各地矿物珍品。博物馆以"表里山河"为展陈主题，设有"穿越时空""远古物种""大地宝藏""物华天宝"4个主题陈列，分别展示山西的地质历史、生物演化、矿产资源禀赋和矿物岩石精华；还设有"测绘天地"和"衣被天下"两个专题陈列，分别展示山西测绘发展史和土地资源管理与开发概况。

壮美河山：见证远古地质变迁

"左手一指太行山，右手一指是吕梁，站在那高处望上一望，你看那汾河的水呀，哗啦啦啦流过我的小村旁……"这首《人说山西好风光》唱出了山西的锦绣山河。

这样的地貌是如何形成的？"穿越时空"展厅娓娓道来。

地球形成有46亿年历史，山西现存最古老的岩石有近32亿年历史。数十亿年间，山西大地历经多次海进海退、造山运动。

寒武纪前，山西是一片陆地。寒武纪开始，地壳逐渐下沉，海水从晋东南不断向西北入侵，山西变成一片汪洋。

展厅里展出了波痕、豆粒结构、竹叶状灰岩等海相沉积岩。海相沉积岩承载着海洋环境和生物特征等信息，比如，豆粒结构一般是海藻等微生物留下的活动痕迹。

约6500万年前，受剧烈的喜马拉雅运动影响，山西地貌结构在新生代时期进一步分化。正如山西地质博物馆《地质赋》所写：喜山运动，汾渭成裂谷，沃土润天，福地滋生。五盆雁列成序，七峰耸峙如仪，卒成今日之山河形胜……

大同火山弹

亿万年间，地质变迁造就了众多地理奇观，如大同火山群、黄河壶口瀑布、太行龙洞岩溶等。目前，山西有世界级地质遗迹14处、国家级地质遗迹141处。

展厅里，一组火山弹形态各异，这是大同火山群喷发的产物。大同火山群分布于大同市云州区和阳高县一带，是中国第四纪六大著名火山群之一，也是世界级地质遗迹。

大同火山群是岩浆作用的产物，完整保存了火山渣锥、混合火山锥、熔岩锥3种火山锥和熔岩被、熔岩舌等火山地貌，火山后期风化、剥蚀遗迹也保存完好，为地质学者提供了珍贵的研究材料。

黄河壶口瀑布是山西又一处世界级地质遗迹。黄河流经壶口时，河床从宽约300米的宽谷突然缩小至30米的窄谷，形成特大马蹄状瀑布群。

通过展厅里的向源侵蚀示意图可以看到，黄河壶口瀑布由10万年前禹门口的龙门大瀑布后退而来。随着向源侵蚀作用不断加强，壶口瀑布还在不断向上游退移。

"穿越时空"展厅中的"黄河乾坤湾"多媒体展示区

大型多媒体演示屏上播放着太古宙、远古宙、古生代、中生代、新生代5个时期的山西地质发展历程。演示屏下方，陈列着直闪石岩、震积岩等各个地质时期的岩石。山西地质遗迹丰富，除了古生代志留纪和泥盆纪地层缺失，其他地质年代的地层都有分布。

珍稀化石：承载地球生命故事

从海洋到原始森林到陆地，从藻类生物到爬行动物到哺乳动物……"远古物种"展厅入口处，一个生命坡道浓缩展示了生命进化历程。

山西是中国古生物学发源地和重要研究地之一，"华夏植物群""中国肯氏兽动物群""保德三趾马动物群"等众多专业术语都出自山西。

展厅里，一块黑色鳞木化石见证了"华夏植物群"曾经的繁盛。距今3.23亿年至2.52亿年的晚石炭世至二叠纪，山西气候炎热、雨量充沛，生长了大规模的茂密森林，被学者称为"华夏植物群"，其中既有高大的乔木，也有繁茂的灌木，代表植物有大羽羊齿、华夏羊齿、鳞木等。鳞木是一种乔木，因树叶脱落后在树干表面留下鱼鳞状花纹而得名，它们挺拔雄伟，直径有两三米，高可达40多米。

鳞木化石

　　三叠纪时期，北方陆生爬行动物陆续登场。

　　山西山西鳄骨骼化石是山西地质博物馆的"镇馆之宝"。它是山西鳄属、山西种，所以叫山西山西鳄。它生活于距今2.4亿年的三叠纪中期，虽然以"鳄"命名，但其实是比恐龙和鳄类更原始的爬行动物，在山西榆社、武乡、吉县等地均有分布。它的牙齿又长又尖，两个眶前孔可以减轻头部重量、增加咬合力，是"中国肯氏兽动物群"中的顶级掠食者。这件珍贵的标本2010年发掘于吉县黄河边，是全世界迄今发现最完整的山西山西鳄化石标本，保存有完整的头骨，证实其有两个眶前孔，并有以往化石中从未发现的间椎体，具有极高的科研价值。

　　从三叠纪晚期到白垩纪末期，非鸟类恐龙统治地球长达1.6亿年，是名副其实的中生代霸主。大同市左云县、天镇县等多地均发现恐龙化石，包括剑龙、华北龙、特暴龙、左云龙、天镇甲龙等。

　　展厅中央，一具具恐龙化石和复原模型十分壮观，好像电影《侏罗纪世界》中的场景。其中，一具长11米、高4.5米，头颅高昂的大同云冈龙化石标本，吸引了不少观众。

　　大同云冈龙是由山西地质博物馆自行发掘并与相关科研机构共同研究命名的，得到了国际学术界的认可。2011年，山西地质博物馆科研人

大同云冈龙化石标本

员在大同市左云县发现了这种大型植食性恐龙化石。它后肢粗壮，前肢细弱；颌骨两侧长着菱形牙齿，数量多达2000多颗；喙吻部又宽又扁，类似现代的鸭子嘴巴。它的发现填补了晚白垩世早期基干类鸭嘴龙超科向鸭嘴龙科过渡进化的一个空白。

进入新生代后，哺乳动物迅速演化为成千上万个物种。山西发现了著名的"保德三趾马动物群"和"榆社动物群"，出土了大量哺乳动物化石。

"煤铁之乡"：来自大自然的馈赠

山西矿产资源丰富，为国家工业发展作出了巨大贡献，有"煤铁之乡"之称。

"大地宝藏"展厅全面展示了山西矿产资源的种类、规模、分布特征和成矿过程，让观众了解不同矿产资源的规划、用途和科学开发前景。

煤、铝、铁是山西三大优势矿产。为什么地处黄土高原的山西会有如此丰富的煤炭资源呢？这与"华夏植物群"密不可分。"华夏植物群"不断生长、死亡、腐烂，形成了厚厚的泥炭层。随着地壳不断运动，泥炭层被深埋地下，在温度、压力的持续作用下，经历亿万年的漫长演变，形成今天遍布山西全境的石炭—二叠纪煤田。

山西煤炭不仅储量丰富，而且煤种齐全、煤质优良，所有的煤炭种类在山西都可以找到。气煤、肥煤、焦煤、瘦煤……展厅里，山西9种主要煤炭标本依次排列。不同种类的煤用途各异。长焰煤变质程度最低，主要用作燃料。无烟煤是高变质煤，主要用于化肥、化工生产，山西晋城、阳城一带的无烟煤被称为"兰花炭"，闻名中外。

铝土矿是仅次于煤炭的山西第二大优势矿种，已探明储量占全国的40%以上。在航天工业中，铝是制造飞机、火箭、导弹的主要结构材料，有"翼金属"之美称。山西铝土矿有着独特的形成过程，地质学家称之为"红土海相沉积型铝土矿矿床"。

在"大地宝藏"展厅，还陈列着另一件"镇馆之宝"——狗头金。它产于大同市灵丘县料堰金矿，称重425克，纯度达90%以上，是山西有史料记载以来发现并保存下来的最大的一块狗头金。因形似蟾蜍，又名"华北金蟾"。

狗头金是天然产出、含有杂质的块金，大型狗头金非常难得。山体中含金的岩石遭风化剥蚀变成金碎屑，被流水运到下游沉积下来，经过一系列复杂作用，生成薄而不规则的小块金，经过数万年到数十万年的积累才能形成大块金。

山西省大同市灵丘县发现的狗头金

为了更系统地展示山西自然资源，山西地质博物馆在东南广场修建了6000平方米的"晋地宝藏"标本园，陈列了100余件来自山西11地市的特色矿物、岩石标本，总重超过1000吨，形成集科普教育、休闲娱乐和文化旅游于一体的公益性室外科普园。

本文图片均由山西地质博物馆提供

临汾市博物馆

临汾市博物馆

铺展十万年文明画卷

付明丽 / 文

山西临汾是中华文明重要发祥地之一。10万年前，汾河谷地的丁村人点燃人类早期文明火种；4000多年前，崇山脚下的陶寺建起宫殿和城市；2600年前，晋文公在这里成就霸业……

临汾市博物馆外观

在风光旖旎的汾河河畔，青松翠柏环绕间，以"日月相抱"为造型的临汾市博物馆尽显优雅大气，它的设计理念源于象征"日月同辉"的陶寺古观象台。2018年一开馆，这里便成为众多文博爱好者竞相打卡之地。

临汾市博物馆现藏文物15万余件（套），其中国家一级文物101件（套），尤以青铜器、陶瓷器、木版年画等最具特色。博物馆基本陈列"表里山河"包括"远古足迹"等4个展厅，从远古到明清，将一脉相承的中华文明铺展开来。

追溯远古足迹

"远古足迹"展厅通过对丁村遗址、柿子滩遗址、枣园遗址等考古成果的深入解读，展示了早期智人在临汾这片土地上繁衍生息的漫长历史。

丁村遗址位于襄汾县城南5公里，是新中国成立后在北京周口店以外发现的首个大型旧石器时代遗址。1954年秋，由考古学家、古人类学家裴文中、贾兰坡率领的考古队，在汾河河畔的厚厚砂层中发现了3枚智人牙齿化石、28种动物化石和2000多件10万年前的石器工具，填补了中国历史上早期智人和旧石器时代中期文化的空白。

展柜里陈列着3枚丁村人牙齿化石的复制品。这些牙齿呈铲状，铲状牙齿正是黄种人的特征。丁村人的化石非常少，但对于了解中国古人类的连续演化进程非常重要。丁村人属于早期智人阶段，上承北京人，下启山顶洞人，处于向现代人进化的关键阶段。

3组展柜中分别展示了丁村文化早中晚期的石器。早中期比较典型的是石片、三棱大尖状器、石球、刮削器等，晚期出现了融入了燧石等精细原料制作的细石器制品。旧石器时代晚期，石器石料更加优质，器形更加规整，类型更加丰富，以细石叶工艺为特征的细石器产品占据主流地位。

吉县柿子滩遗址是距今2万年到1万年间面积较大、堆积较厚、内涵较丰富的一处原地埋藏遗址，属于旧石器时代晚期。展厅里有一组柿子滩遗址出土的石磨盘和石磨棒，表面磨蚀程度较高，残留物和使用痕迹表明，它们兼具食物加工、装饰品磨制和颜料研磨等功能，其中加工野生谷物的痕迹，透出农业生产的曙光。

枣园文化距今约7000年—6400年，是目前山西发现最早的新石器文化遗存。枣园遗址的陶钵、陶盆和房屋基址图、房屋模型等，显示当时的人们已经过上农业定居生活。

丁村文化石器

解读陶寺文化

在第二展厅入口处，一件彩绘龙盘引人驻足。它出土于襄汾县陶寺遗址，质地为灰陶，盘内用红、白两色绘出团龙，红色表现龙头和盘曲的龙身，白色表现鳞片，口中还吐出枝杈状芯子。

陶寺遗址的早期王级大墓共出土4件彩绘龙盘，这是其中1件，也是临汾市博物馆的"镇馆之宝"。陶寺龙盘很可能是当时人们祈雨或祈求丰

陶寺文化彩绘龙盘

收时使用的礼器，是神权与王权结合的产物，也是华夏民族"龙的传人"的代表。

陶寺位于今山西省南部临汾平原，东临汾河，背靠崇山。4000多年前，这里土壤肥沃、水源充沛，适合农耕。展厅有一组三层立体沙盘，结合数字三维技术，展示了陶寺遗址早中晚三个时期的演进过程。

陶寺文化早期已开始筑城。到了中期，城址迅速扩张，宫殿区、仓储区、墓葬区等功能区一应俱全。陶寺遗址存在明显的等级分化和社会分工，表现出早期都城的雏形。到了陶寺文化晚期，功能区废弃，城墙毁坏，陶寺遗址成为一般性的聚落。

一个大型3D裸眼沉浸平台前，很多观众在排队体验，这是模拟的陶寺古观象台。站在观测点，或扶摇直上，或盘旋山谷，仿佛身临其境，体验四季交替、时光流转。陶寺古观象台发现于2003年，集观象、授时、祭祀于一体，印证了

陶寺古观象台模拟体验区

《尚书·尧典》"历象日月星辰，敬授民时"的记载。

展柜里，朱书扁壶（复制品）和朱书扁壶残片吸引了观众的目光。1984年，陶寺遗址出土了有朱书文字的陶扁壶，引起学界关注。中国社会科学院考古研究所研究员何努将扁壶上的朱书释为"文尧"二字。2006年，陶寺宫殿区晚期基址又出土朱书扁壶残片，作为考古领队的何努认为，残片内侧朱书为"尧"字的下半部，尽管残缺，但仍能看出大概。

超大型城址、世界最古老的观象台、大规模墓葬群、朱书扁壶……根据这些考古发现，有学者认为，陶寺遗址很可能是尧的都城。

展厅里还能看到根据陶寺出土文物等比例还原的圭表。圭表测量可以确定"地中"，决定都城选址，还可以用来制定历法。陶寺中期王墓出土了漆绘圭尺和作为游标、景符、垂悬附件来使用的玉琮、玉戚，是目前考古发掘出土的最早圭表实物套装。

《周礼》记载，建王都必在"地中"，政权的交替伴随着圭表"中"的交接或"地中"夏至影长标准的改变。经专家实地模拟观测，夏至日影到陶寺圭尺的长度与《周髀算经》记载"夏至之日晷一尺六寸"的"地中"标准吻合。

讲述晋国风云

　　说山西，不能不说晋国。晋国是周代的一个重要诸侯国，始建于西周，立国600余年，历经38位国君，创造了璀璨的晋文化。临汾是晋国的核心，是晋霸春秋的策源地。同一时期，在晋国周围还有一些小诸侯国，如洪洞的南秦、翼城的霸国等，都是晋文化的重要组成部分。

　　翼城大河口西周墓地被评为"2010年度全国十大考古新发现"之一，它的发现让史书从未记载的霸国进入人们的视线。在"晋霸春秋"展厅，以整体套箱方式展示了大河口西周霸国1017号墓葬，墓上覆盖着厚厚一层青铜器和白色贝壳，并用全息幻影成像呈现了墓地原貌。墓地中发现了多件镶嵌蚌饰的漆木器，还有很多带铭文的青铜器。

　　霸国墓地出土的铜鸟盉造型奇特，通体布满精美纹饰。铜鸟胸腹部

西周霸国墓地出土的铜鸟盉

"模范巨阵"展区

向前斜伸一管状长流，尾下腹底有一象首足，象鼻外卷。铜鸟背部有盖，盖内刻51字铭文。有专家认为它是酒器，也有学者根据与它一同出土的铜盘推测，它们是古代贵族在祭祀、宴饮等场合用来洗手的器具。

从西周中后期开始，霸国逐渐衰落，很可能在春秋早期被强大的晋国兼并。

由26块陶模和陶范组成的"模范巨阵"占据了展厅一面墙。这些模和范出土于侯马铸铜遗址，有工具范、兵器范、礼器范等多种类型，表面有细如发丝的蟠螭纹、鳞纹等纹饰，是晋国青铜文化发展到顶峰的产物。

春秋末期，晋国内讧不断，诸侯和卿大夫通过结盟来打击敌对势力。展厅里有一组1965年出土的侯马盟书，材质为玉石片，上以毛笔书写朱红色文字。盟书一般一式二份，一份藏在盟府，一份埋于地下或沉在河里。侯马盟书的发现，对研究古代盟誓制度、古文字以及晋国历史有重要意义。它们见证了春秋末期晋卿赵鞅参与晋国内部由六卿纷争至四卿并立的一场激烈政治斗争。正是这场政治斗争，拉开了标志战国时代开端的"三家分晋"这一重大事件的序幕。

见证平阳沧桑

临汾古称平阳，因筑城于平水北岸而得名。"千秋平阳"展厅设有"铁之发展""古傩源流""般若之光"等单元，展现了临汾地区从秦汉至明清的地方特色文化。

《赵城金藏》是这个展厅的重点文物，陈列在一个长12余米的展台上。这部规模浩瀚的佛教典籍为金代皇统年间刻印，有7000余卷，现存4000余卷，既是佛书，也涉及哲学、历史、天文、历算等，如今已成孤本，极其珍贵。

1933年，《赵城金藏》发现于洪洞广胜寺。1949年，移交北平图书馆（今国家图书馆）收藏。《赵城金藏》与《永乐大典》《四库全书》《敦煌遗书》并称国家图书馆四大"镇馆之宝"，在临汾市博物馆也藏有一卷。

临汾冶铁业自古发达，春秋时期就有与冶铁相关的记载，唐宋时期达到高峰。展厅里一件44厘米长的唐代铁卧牛，见证了临汾城千年沧桑，也是临汾市博物馆的"镇馆之宝"。这尊铁牛历史上共出土3次，最早是在后梁开平二年（908年），晋州刺史徐怀玉率军修补城墙时发现了这尊铁牛，众人皆认为它是祥物，遂刻石载之，同铁牛共放于石匣，埋于旧处。明洪武六年（1373年），平阳指挥使胡渊清理旧城基础时发现石匣和铁牛，视为奇物，命人撰文刻碑，一同埋于此处。1977年，铁牛同石匣、石碑再次出土，并得以完好保存。

唐代铁卧牛

本文图片均由临汾市博物馆提供

汉景帝阳陵博物院

汉景帝阳陵博物院

生动呈现大汉盛景

张丹华 / 文

在陕西省西安市西咸新区秦汉新城，有一座规模宏大的皇家陵园——汉阳陵。这是汉景帝刘启及其皇后王氏的合葬陵园，是中国目前遗址发掘面积最大、勘探研究最深入全面、保护展示工作开展最好的西汉帝陵。在30多年的考古过程中，汉阳陵先后出土陶俑、陶制器皿、陶塑动物等文物约10万件，再现了汉代政治、经济、文化、军事的真实面貌和人民的精神状态。

汉景帝阳陵博物院于1999年建成开放，目前设有考古陈列馆、帝陵外藏坑遗址保护展示厅、南阙门遗址保护展示厅、宗庙遗址4个基本陈列，展示文物1万余件。

探秘西汉帝陵

汉景帝刘启是西汉第四位皇帝，在位17年。他执政期间，轻徭薄赋，减笞去刑，和亲匈奴，休养生息，与其父汉文帝刘恒共同开创了"文景之治"，并为其子汉武帝刘彻开疆拓土奠定了雄厚的经济基础。

汉阳陵始建于汉景帝即位后的第四年——公元前153年，营建历时28年，陵园西与汉高祖刘邦的长陵相接，东至咸阳塬下的泾河谷地，东西长约6公里，南北最宽处约3公里，其平面呈两端宽大、中间细小的葫芦状，实际占地面积12—13平方公里。

1990年开始，为配合西安咸阳国际机场专用公路建设，陕西省考古研究院汉陵考古队进驻汉阳陵开展考古发掘。当年发掘的南区外藏坑遗址，因结构布局独特、历史文化内涵丰富、出土文物具有代表性，入选"1990年度全国十大考古新发现"。

"多年的考古研究探明，整个汉阳陵遗址由帝陵陵园、后陵陵园、南区外藏坑、北区外藏坑、礼制建筑遗址、陪葬墓园、陵邑遗址、刑徒墓地等几部分组成。"时任汉阳陵考古队队长的陕西省考古研究院研究员焦南峰介绍。

其中，帝陵、后陵、高等级陪葬墓多设有数量不等的外藏坑，象征墓主人生前的统辖机构或服务设施。据现有资料看，从属帝陵的外藏坑或有3个层级。这些外藏坑寓意"宫观和百官位次"，空间方位反映其与皇权的亲疏关系。

西汉帝陵陪葬制度奠定了中国古代帝陵陪葬制度的基础，对后世产生了深远影响。东汉、隋唐乃至明清帝王陵墓的陪葬形式虽然发生了一些大的变化，但从其陪葬墓区的设置、陪葬墓的形制、陪葬者的身份等来看，皆受到西汉帝陵陪葬制度的影响。

焦南峰说："让我们考古队感到欣慰的是，通过我们的努力，将汉阳陵的整体布局基本搞清楚了，为中国古代帝陵制度研究提供了有价值的资料。更高兴的是，我们发掘、修复、保护的遗址、遗物能够展现在广大观众面前，让大家直观地了解汉代历史文化。"

展现"文景之治"

"巍乎盛景——汉阳陵考古陈列馆基本陈列"展出精品文物近千件，并设有9处多媒体互动体验区，全面展现了汉代物质文化、政治制度及精神生活。

展厅里，整齐列队、气势威武的武士俑引人驻足。这些武士俑出土于汉阳陵南区外藏坑，原本顶戴武弁（古代军人的乌纱质冠帽），头扎陌

南区外藏坑出土的彩绘武士俑

额，身穿战袍，以带束腰，外套铠甲，腿缚行縢，配备铁剑、木盾、弩箭等兵器。有的身佩微缩印章，有的腰挂"半两"铜钱，有的配有小型贝壳，俨然是一支装备齐全的地下军队。

汉初社会经济逐步繁荣，孕育出新的审美需求。在秦代塑衣式陶俑基础上，皇家工匠吸纳楚文化元素，创作出工艺复杂、外形华丽的着衣式陶俑。汉阳陵中的这些彩绘武士俑原本都穿着特制丝麻衣袍或铠甲，配有能够活动的木质双臂，古代文献中称之为"衣纨绨"。历经2000多年的漫长岁月，陶俑身上的木臂和服饰早已腐朽不存，于是成了今人所看到的缺失手臂的"裸俑"。

秦代兵马俑注重写实，俑的五官、身体比例与真人极为接近；汉代兵马俑则更注重写意，着力刻画人物神态。展柜中有一件武士俑头，虽然只存头部，但由于刻画细致、形神兼备而被定为国家一级文物。此俑头脸型方正，颧骨高凸，鼻梁高耸，眉眼口唇上扬，看上去像是一个含蓄内敛的北方大汉心中藏着乐事而忍不住流露出欢愉的表情。不同于秦兵马俑的威严肃穆，汉阳陵中的陶俑大多面带微笑，反映了"文景之治"时期人民的精神状态。

除了英姿勃发、披坚执锐的列队武士俑，容姿秀雅、美目流盼的侍女俑

西汉彩绘武士俑头

也是一道亮丽风景。独立展柜里的塑衣式拱手跽坐女俑出土于汉阳陵陪葬墓，是汉阳陵塑衣式陶俑中最具代表性的一件。此俑身着3层立领右衽深衣，呈跽坐状，双手拢于宽大的袖筒内，向上拱手遮于口鼻前。仔细端详其容貌，面似鹅蛋，目细眉长，鼻子挺秀，口小唇红。一头乌黑秀发自前额处中分，绾髻颈后，肩下又分出一缕，显得飘逸脱俗。深衣紧窄合身，下摆呈喇叭状，腰间系彩带，凸显出苗条身材，袖口、领边饰以朱红锦缘，显得轻盈灵动。陶俑整体高贵典雅，富有浓厚的楚文化风韵。

汉代人"事死如事生"，汉阳陵随葬品中还有种类齐全的生活明器和陶塑动物。猪、马、牛、羊、鸡、狗等陶塑成群成组，栩栩如生，极富生活情趣，再现了西汉时期六畜兴旺的场景。此外，还有陶灶、铁釜、陶甑等炊具，铜量、铜权（砝码）、铁累（秤砣）等计量器，编钟、编磬等乐器，陶漏壶、博山炉、铜镜等生活用品。展柜里这件陶围棋盘是中国迄今

西汉塑衣式彩绘拱手跽坐女俑正面

西汉塑衣式彩绘拱手跽坐女俑侧面

西汉陶围棋盘

发现最早的围棋盘。它由一块普通的地砖刻划加工而成，出土时已有残损，呈不规则五角形，上面清晰的棋道结构和星位标注，与今天的围棋盘相差无几。汉阳陵帝陵外藏坑中还发现了距今2100多年的茶叶标本，对研究中国茶文化历史具有重要价值。

走近历史场景

"乐游原上清秋节，咸阳古道音尘绝。音尘绝，西风残照，汉家陵阙。"千年时光流转，汉家陵阙早已掩埋在历史的尘烟中。汉景帝阳陵博物院运用科学、先进的保护理念和展示手法，让今人得以亲睹汉代陵阙的风貌。

帝陵外藏坑遗址保护展示厅搭建于帝陵封土东北10个外藏坑遗址上，主体建筑完全埋于地下，建筑顶部由黄土覆盖，并植草种树，很好地恢复了陵园原来的风貌。

遗址保护展示厅仿照墓道的结构层层下沉，采用空镀膜电加热玻璃将整个遗址区合围起来。这种特殊玻璃制成的幕墙和通道将文物和观众分隔在两个截然不同的温湿度环境中，在最大限度保护文物遗存的前提下，让观众可以近距离、多角度欣赏文物，带来沉浸式的历史体验感。

展厅内采用现代科技手段，生动再现了历史场景，让观众直观感受西汉宫廷生活。在幅宽3米多的旋转舞台上，以国际先进的幻影光成像技

术呈现了4幕不同的场景，演绎汉景帝与王皇后的生平故事以及汉阳陵考古发现的艰辛历程，每个场景的转换仅需3秒左右。鲜活的历史人物影像出现在舞台上，与精心制作的布景、道具巧妙融为一体，给观众带来强烈的视觉震撼。

　　南阙门是帝陵陵城四门中的南门，由两组对称相连的"三出阙"建筑组成，是目前发现时代最早、级别最高、规模最大的帝陵陵阙建筑遗址。南阙门遗址保护展示厅外观是一座仿汉式阙门建筑，展现了汉代三出阙高台建筑雄伟高大的气势。近2000平方米的展厅内，丰富的图片资料系统介绍了中国古代阙楼建筑发展演变的历史。

　　宗庙遗址（德阳庙遗址）是汉阳陵重要的建筑遗迹，占地面积6万平方米，平面为"回"字形双回廊结构，形制规整，规模宏大，是目前发现保存最完整的帝陵陵庙建筑遗址。汉景帝阳陵博物院将宗庙遗址局部复原、水平上移，并进行大面积绿化，既能让观众领略西汉宗庙建筑的恢宏气势，又使这一珍贵遗址得到有效保护。

本文图片均由汉景帝阳陵博物院提供

大足石刻博物馆

大足石刻博物馆

守护石窟艺术丰碑

刘新吾　李祖姣／文

　　走进重庆市大足区宝顶山，满目苍翠，鸟鸣山幽，大佛湾呈"U"形向南敞开，三面石刻如画卷徐徐铺展，呈现千年历史。

　　大足石刻始建于初唐，鼎盛于两宋，延续至明清，凿刻历经1200多年。造像规模宏大、雕刻精美、题材多样、内涵丰富，至今仍保存完好，是中国石窟艺术史上最后的丰碑。1999年，大足石刻被联合国教科文组织列入世界遗产名录，成为继敦煌莫高窟之后中国第二个石窟类的世界文化遗产。

　　大足石刻博物馆属于石窟寺遗址类博物馆，其藏品主要包括以北山、宝顶山、南山、石门山、石篆山"五山"石窟为代表的野外不可移动石窟寺遗存和文物库房内的石刻、陶瓷、木器、字画等可移动文物，各级文物保护单位多达75处。

释道儒文化和谐共存

在大足石刻"五山"石窟中，宝顶山摩崖造像最为著名。

1174年，宋代名僧赵智凤在大足境内经过数十次考察，发现宝顶山山秀岩深、谷幽洞灵，便把建造石窟的地点定在了这里。赵智凤精心设计，组织工匠在宝顶山"U"形沟中雕刻了上万尊佛像，形成了大佛湾、小佛湾、圆觉洞等石窟群。

在小佛湾，可以看到身高7米的"华严三圣像"，低头垂目，俯览众生，显得悲悯大度、气势庄严。三圣像头顶山崖，脚踏莲台，身披袈裟，衣纹开阔舒展。居中为毗卢遮那佛，左右分别为普贤菩萨和文殊菩萨。

华严三圣像

文殊菩萨手托宝塔，重约千斤，却千年不坠。工匠巧妙利用建筑力学原理，将袈裟一角覆搭前臂、斜向下垂，于膝部相接，形成三角形稳固支撑，将塔和手臂的重力传到基座上。

大佛湾的"父母恩重经变相"是歌颂父母含辛茹苦养育子女的典范之作。工匠们以写实的雕刻手法，凝练、传神地表现了父母养育儿女的十大恩德，每一幅画面都是人们熟悉的生活场景，让人们在欣赏艺术的过程中感悟佛教经书教义与儒家孝道思想。

大足石刻是释（佛教）、道（道教）、儒（儒家）三教和谐共存和石窟艺术生活化的实物例证，造像既体现了宗教教义，也呈现了宋代生动的生活场景。建于北宋的石篆山摩崖造像为典型的释、道、儒三教合一造像区，其中，第6号为孔子及十哲龛，正壁刻儒家创始人孔子坐像，两侧壁刻孔子十大弟子；第7号为三身佛龛；第8号为老君龛，正中凿道教创始人老子坐像，左右各立7尊真人、法师像。大足石刻造像中，无论是佛、菩萨，还是罗汉、金刚以及各种侍者，都颇似现实中各类人物的真实写照。宝顶山摩崖造像所反映的社会生活场景十分广泛，俨然是一座宋代民间风俗画廊。

凝聚古人智慧与匠心

石刻文物体积大，重量沉，难以移动，易遭毁损。大足石刻历经千百年而能保存完好，这要归功于古代匠人的智慧。工匠在雕刻时就考虑到要让石刻长久保存，除了注重形式美和意境美，还通过巧妙设计，解决了排水、采光、支撑、透视等问题。

圆觉洞整体为人工开凿，造像和山岩浑然一体，设计、施工十分精妙。洞中菩萨花冠精巧玲珑，肌肉丰满细腻、极富质感，轻纱薄裙，璎珞珠串，装饰繁复，显得端庄典雅、气质超凡。

工匠们考虑到洞内采光的问题，在洞口上方开设天窗，光线直射窟心，使洞内明暗相映，颇具神秘感。洞穴潮湿，如何排水也是一道难题。工匠们在右壁上方刻一龙，雨水自龙头滴入下方的钵内，经石壁暗道流出，再由窟底水沟排出窟外，如此周密的排水系统可谓巧夺天工。

在卧佛旁，一孩童站立于金刚台中，头顶盘旋着9条巨龙，中间的神龙口吐泉水，洒浴孩童全身——这就是著名的"九龙浴太子图"。九龙所在的岩面原是山上雨水汇集的出口处，终年泉流直下，工匠们巧妙利用天然地形，结合"九龙灌顶"的佛传故事，打造出令人称奇的景观。金刚台前为一半圆形水池，水池底部与一条排水沟相通，山泉水经龙嘴流入水池便由水沟排走了，注入南壁前玄极井内。

千年石窟重焕光彩

"以前来大足，千手观音正在修复中，这次总算看到了修复后的千手观音，太震撼了！"一名游客激动地说。

宝顶山大佛湾南崖的千手观音开凿于南宋，是中国最大的集雕刻、贴金、彩绘于一体的摩崖石刻千手观音造像。

20世纪初，千手观音出现手指断裂、金箔起翘等问题，34种病害叠加，严重威胁其安全，修复工作迫在眉睫。

2008年，"千手观音造像抢救性保护工程"启动，被列为全国石质文物保护一号工程。来自全国10多家机构的数百位工作者参与保护工程，经过近8年努力，使用加固材料约1.5吨、大漆约0.5吨、金箔100多万张，完成了千手观音的保护修复，使之再现昔日辉煌。该工程开创了中国大型不可移动文物修复的先河，2017年被评为"第三届全国优秀文物维修工程"。

大佛湾治水是一个很棘手的问题。大佛湾卧佛长期暴露在高温高湿、降雨丰沛的环境下，出现渗水、本体风化及变形破坏、彩绘（贴金）风化破坏共三方面八大类病害，修复工程首先要解决渗水问题，此前多年采取的各种治水措施效果都不理想。

千手观音　瞿波摄

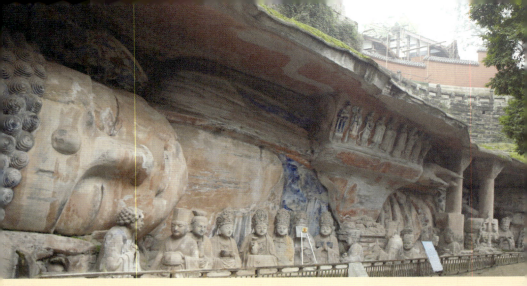

卧佛造像

    大足石刻博物馆邀请全国各地的院士、专家共同"会诊"，形成切实可行的方案，通过帷幕灌浆、地表防渗、开凿暗井等方式"疏堵结合"，多角度解决渗水难题。接下来，会对卧佛进行本体修复工程，几年后，卧佛将重焕光彩。

    为了更好地保护石刻，大足石刻博物馆还建成了集文物病害诊断检测、保护修复、文物数字化、保护成果展示、公众研学和互动体验于一体的大足石刻文物医院，把抢救性修复转为预防性修复，利用数字化手段增强石窟保护的科学性。利用网络数字技术，建立覆盖30多处重要石窟的"大足石刻安全技术防范中心"，还运用三维数字测量技术完成宝顶山石刻数字测绘，为每一处石刻建立数字化档案。

让石刻文化"走出去"

    在悠悠历史长河中，大足石刻承载着民间的信仰，记录着世情风貌，凝聚着中国传统石刻艺术的精华。大足石刻博物馆在保护好这座艺术丰碑的同时，深入挖掘石刻文化内涵，充分发挥文化传播和社会教育功能。

大足石刻博物馆历时14年，完成"十二五"国家重点图书出版规划项目《大足石刻全集》（11卷19册）的编撰出版。这是石窟考古领域一项重大的科研成果，填补了国内大型石窟寺系列考古报告编写、出版的空白。

大足石刻博物馆走进校园、社区、军营，弘扬大足石刻蕴含的慈、善、孝、义、廉等中华传统文化精神。大足石刻博物馆还建设了4K影院和8K球幕影院，拍摄制作了《天下大足》和《大足石刻》主题电影，对大足石刻进行全方位精彩呈现，让观众更好地了解大足石刻背后的故事。

为了让石刻文化"走出去"，近年来，大足石刻博物馆开展"大足石刻世界巡回展"和百场展览、百场讲座、百馆赠书、百集微视频展播"四百工程"文化旅游推广活动，已在英国、加拿大、日本等国和国内多个城市展出。同时，推动"巴蜀石窟文化旅游走廊联盟""巴蜀世界遗产联盟"建设，成立敦煌、云冈、龙门、大足四大石窟战略发展联盟，建立四大石窟世界遗产地深度合作机制。

2021年，大足石刻博物馆馆藏明代香炉在苏州博物馆展出

除特别注明外，本文图片均由大足石刻博物馆提供

重庆三峡移民纪念馆

铭记百万移民的故事

蒋云龙 / 文

2月正是三峡库区最美的时节，高峡出平湖，碧绿长江滚滚而来。江水之畔，矗立着一座巨石般的建筑，这就是重庆三峡移民纪念馆（重庆

重庆三峡移民纪念馆外观

市万州区博物馆）。

20多年前，举世瞩目的三峡水利枢纽工程动工。因工程建设需要，库区131万人迁离家乡，到新的地方定居。为了纪念这一批人的付出，在重庆市万州区，三峡移民纪念馆拔地而起，珍藏着这段感人的历史。

泛舟于历史长河

重庆三峡移民纪念馆是三峡库区重要的历史文化和移民文化收藏、保护研究和展示中心，建筑面积1.5万平方米，展区面积7000平方米，2016年10月开馆运行。外观采用江边岩石的造型，象征着三峡移民的坚强和勇毅。

以收藏、研究、展示三峡历史文物、民风民俗为主题的万州区博物馆，2016年迁往江南新区，与新成立的重庆三峡移民纪念馆合并运行。

馆内一层为"万川汇流——万州历史文化陈列"，按历史顺序分为"迈向文明""巴风楚雨""羊渠华彩""南浦盛事""川江门户""万商之城"6个部分。

濒临长江的地理环境和温暖湿润的气候，使万州成为人类生存繁衍的理想之地。大约7000年前，人类文明已经在这片土地上出现。展厅里，实物、模型与场景复原、多媒体方式结合，展现出万州各个历史时期的风貌。展品以万州乃至峡江地区历年考古出土文物为主，其中有不少来自"三峡库区文物抢救保护工程"的考古发现。

粗眉大眼，双耳招风，面带微笑。这件造型逼真的东汉灰陶庖厨俑，2005年出土于万州武陵镇天丘墓群，是"三峡库区文物抢救保护工程"中发掘的珍品。陶俑呈跪坐姿态，头戴无檐圆冠，身穿右衽灯笼袖布衫，双袖挽起，身前的案板上放置着鱼、葱、姜、蒜等食材，充分体现了汉代工匠在塑造人物神情、服饰及姿态等方面的娴熟技巧。

东汉灰陶庖厨俑

高鼻深目，面容严肃，头戴盔胄，身着铠甲战袍。眼前这件青瓷俑，表现了一个孔武有力的胡人武士形象。它是1978年在四川省万县（今重庆市万州区）出土的，来自唐初刺史冉仁才夫妻合葬墓。此俑制作精美，纹饰多样，寓意丰富。武士身着护具上有大量宝相花纹，这是唐代服饰流行的纹样。其左手按长方形盾，盾牌上部饰夔牛纹，下部配以神龟纹，寓意持盾人能威震四方、长寿安康。这件武士俑是唐代青瓷中不可多得的佳品，也为研究唐史提供了宝贵的实物依据。

战国虎纹青铜戈、东晋龙饰石磨扇、王氏"日入千万"铜方壶……行走在展厅，如同泛舟于历史长河中，数千年来万州的各个侧面在眼前逐一展现。

唐代湘阴窑青瓷胡人武士俑

词中愿景成为现实

万州处于三峡库区腹心地带，是第一移民大区，累计动迁人口26.3万人，移民规模占重庆总量的1/4，占库区总量的1/5。为镌刻三峡工程及百万大移民这一重大历史事件，国务院三峡办（已并入中华人民共和国水利部）规划在万州建设三峡移民纪念馆。

纪念馆的二层和三层为"伟大壮举　辉煌历程"基本陈列，通过沙盘、浮雕、壁画、照片、投影、多媒体互动等多种方式，展示了三峡工程和百万移民"舍小家为国家"的故事。

走进序厅，一面数字墙引人注目。最上方的131万，是三峡移民的总人数；175米，是长江目前最高水位；2座城市、10座县城、106座集镇，是三峡库区及动迁移民的基本范围。

清代《峡江图考》局部

一旁的壁挂地形模型，直观展示了三峡库区的范围。而另一侧的《峡江图考》，完成于清光绪年间，以山水图的形式描绘了原始三峡的风貌，是中国第一部系统的长江三峡河道图。

穿过序厅，进入展览的第一部分"百年宏愿、筑梦三峡"。孙中山先生在"建国方略"之《实业计划》中首次提出在三峡建造大坝的设想。民国时期，也提出过三峡建设计划，但当时修大坝的目的侧重于发电带来经济效益，而现在的三峡大坝则以防洪作为首要出发点。

展出的资料显示，自汉代末年到建设三峡工程之前，长江中下游一带每10年左右就有一次较大规模的洪灾。1954年的长江大洪水围困武汉市整整100天，京广铁路也被截断了整整100天。

此刻，透过博物馆的一扇观景窗向外望去，高峡出平湖，长江已不像旧日那般奔放不羁。这里模拟的是在长江上乘船时透过船舱窗户看到的景观。狭长的玻璃窗上方，雕刻着毛泽东同志当年考察长江时写下的词句"更立西江石壁，截断巫山云雨，高峡出平湖"。如今，词中的愿景成为现实。

接下来的复原场景，是1992年4月3日第七届全国人民代表大会第五次会议的表决现场，长江三峡工程方案以1767票的赞成票获得通过。历史性的瞬间在这里定格，宣告了三峡工程将从纸上走进现实。

他们的付出没有白费

三峡工程建设历时17年，迁徙移民131万，其时间跨度之长，任务之艰巨浩繁，在中外水利建设史和工程移民史上前所未有。

经过长达8年的移民试点工作，国家逐步确定了开发性移民的方针。不是简单地让移民迁出去，而是要确保他们在新家园扎稳脚跟，要"搬得出、稳得住、逐步能致富"。1993年，国务院颁布《长江三峡工程建设移民条例》，标志着开发性移民方针正式确立。

在上百万移民中，有的是后靠安置，有的是本省安置，还有很多迁到了山东、江苏、上海、浙江、福建、广东等11个经济较为发达的沿江和沿海地区。

对于安土重迁的中国人来说，离开家乡需要极大的决心和勇气。纪念馆征集了大量移民搬迁时的照片，布满了整整一面墙。每一张照片背后，都是一个动人的故事。

一个农民带走了自家所有的农具，虽说到了新家用不上了，但这寄托着他对于故乡的念想。

徐继波是三峡外迁移民的第一人。照片中的徐继波怀抱一盆黄桷树，这是重庆的市树。展厅里还陈列着徐继波一家外迁时的车船票……一张张带着岁月痕迹的票据，诉说着一段不平凡的旅程。

对于三峡移民，迁入地政府关怀备至，除了为他们安排工作和住房，还把迎接移民的准备物资细化到一壶热水、一盘水果、5斤猪肉、100斤柴火……展柜里的移民生活物资配备计划表，移民干部为移民准备的第一顿饭的照片，细细看来，让人为之动容。

移民工作的顺利推进，离不开广大移民干部的热忱付出。很多干部牺牲在工作一线，有的是积劳成疾，有的是遭遇意外，他们值得被铭记。

到2008年8月，长江三峡移民工程通过了国家阶段性验收，累计迁移131万人，提前一年完成移民安置规划规定的全部任务。

"三峡外迁移民第一人"徐继波捐赠的外迁船票

以身殉职的巫山县移民干部冯春阳生前使用过的手电筒

搬迁的结束，并没有为三峡移民的故事画上句点。展览的最后一部分，展现了今天三峡库区的经济社会发展情况和三峡移民的生活状态。一组城市对比图反映了2022年库区区县城市风貌与10多年前的对比，发展进步一目了然。

移民干部为每一户移民准备好了第一顿饭

"好多移民回来参观，看到前面没流泪，看到今天库区翻天覆地的变化，流泪了。他们说，自己的付出没有白费。"重庆三峡移民纪念馆馆长岳宗英说，这些变化，靠的是库区人民的不懈奋斗，也离不开国家专项资金的持续投入和对口支援省份的无私援助。

"三峡是全国人民的三峡，这在我们纪念馆筹建过程中也体现得淋漓尽致。"岳宗英介绍道，三峡移民纪念馆收藏有三峡移民工程的各类实物资料4806件（套）、照片3156幅、音视频资料150余部，绝大部分来自社会捐赠，如《峡江图考》就是一名迁往云南的重庆万州市民无偿捐赠给纪念馆的。

今天，我们纪念三峡移民，就是为了铭记这段激荡人心的峥嵘岁月，致敬一个感动中国的英雄群体，同时传承"同心许国、负重自强"的伟大精神，凝聚"建设新三峡、共襄中国梦"的前行力量。

本文图片均由重庆三峡移民纪念馆提供

贵州省民族博物馆

贵州省民族博物馆

抒写多彩民族动人诗篇

陈隽逸 / 文

贵阳市南明河畔，一座别具特色的三叉弧形建筑巍然挺立。建筑整体造型像侗族鼓楼，6个面呈"山"字形，每面都有用于分隔楼层的横条，远望好似山坡上的梯田。这便是贵州省民族博物馆。

贵州省民族博物馆2009年建成并向社会免费开放，以收藏中国西南各民族特别是贵州18个世居民族的历史文化和生产生活实物资料为主，藏品类别涵盖传统服饰、银饰、面具、生产生活用品、民族文献古籍等，现有馆藏文物1.7万多件（套），民族图书、文献6万余册。

多个民族相聚贵州

  贵州是中国古代民族交汇的大走廊。历史上，不同民族在不同时期，从不同方向进入贵州，逐渐形成汉族、苗族、布依族、侗族、土家族、彝族、仡佬族、水族、回族、白族、瑶族、壮族、畲族、毛南族、蒙古族、仫佬族、满族、羌族18个世居民族。贵州省民族博物馆基本陈列"记忆与传承——贵州世居民族历史文化展"由"千年之行"和"大美不言"两部分组成，"千年之行"系统展示了贵州18个世居民族的历史、分布和特色文化。

  进入序厅，两侧墙上的画引人注目。高山起伏，云雾袅袅，山间有不少人，或耕田劳作，或策马奔腾。走近看，还有海马、贵州龙、铜车马等图案点缀其间。这些图案元素体现了贵州的地质特点、考古发现、少数民族传说等。远古时期，贵州地区曾是海洋，后经地壳运动演变为陆地，有很多山地和丘陵。

  贵州是中国苗族人口最多的省份，苗族又是贵州人口最多的少数民族，其族人遍布全省。走进苗族展区，互动电子屏上显示了苗族5次大迁徙的时间、路线，展柜里陈列着从各地征集而来的苗族服饰、银饰、木鼓等。一件华丽的百鸟衣光彩夺目。这是贵州榕江地区苗族男子参加牯藏节等隆重祭祖典礼时所穿戴的盛装。衣服周身绮丽的鸟纹图案反映了苗族鸟崇拜的观念，寄寓了民族兴旺繁衍的愿望。

在布依族展区，靠墙悬挂着3面铜鼓，用手轻敲，响起低沉而悠长的鼓声，仿佛置身于布依族神圣的仪式现场。铜鼓是布依族古老的打击乐器，配以被称为"十二调式"的传统曲牌，常用于庆典、祭祀等仪式中。布依族铜鼓十二调通过一代代口传心授沿袭下来，2006年被列入第一批国家级非物质文化遗产代表性项目名录。

侗族民间文化多姿多彩，侗族大歌、侗族鼓楼和风雨桥名满神州。让侗族人民引以为傲的，还有传承了千百年的款约制度。侗族展区陈列着从贵州清水江一带征集的侗族文书，以地契和林契为主。清水江流域一度以木材贸易为支柱产业，当地百姓靠订立契约文书来规范经营行为，管理调解林业市场，保障大规模人工造林和自然资源的可持续利用。

展柜里的黎平岩洞《禁碑》（复制件），对于红白喜事、孝顺父母、同寨矛盾处理等方面有明确的规定。讲解员介绍，侗族人民用这样的款碑将劳动分配、婚姻制度和人际交往中需要遵循的规范记录下来，要求大家遵守，可以理解为这是过去侗族人民的"民法典"。如果遇到新的问题，他们会在鼓楼里集合，开会商讨出新的规定，再刻在新的碑上。

土家族姑娘哭嫁用的手帕、水族百科全书"水书"、回族饮茶用具、白族可以两面穿的"白素衣"、畲族粑槽舞道具、毛南族猴鼓、仫佬族翘鼻鞋……在各个展区，不同民族的代表性物品讲述着本民族独特的历史文化。

水族百科全书"水书"

民族建筑独具特色

在博物馆三层的"大美不言"展厅，丰富的展品、生动的场景再现和多媒体互动设备，让观众能够深入了解贵州少数民族的耕作方式、传统民居、饮食服饰、织绣技艺、礼俗民风和歌舞技艺等。

步入序厅，两侧的巨幅风景画展现了气势磅礴的兴义万峰林和色彩浓郁的加榜梯田。在模拟的稻田场景里，放置着仡佬族抓耙、侗族打谷斗等少数民族传统农耕工具。

展厅一角立着几棵仿真杉树。讲解员说，这叫"十八杉"，过去不少老百姓靠伐木为生，但又怕把树都砍光了，于是他们约定，每当家里有小孩出生时，就在山上栽下一片杉树苗。18年后，小孩成人，杉树长大，嫁娶费用也有着落了。

"黔味飘香"单元用镜子和桌子营造出"长桌宴"的视觉效果。桌前的触摸屏上有一份电子菜谱，列出了各民族的特色美食：苗家酸汤鱼、布依血豆腐、侗家腌鱼、彝族火腿……轻轻一点，美食便投影在桌上。

进入"宜居之家"单元，眼前的沙盘展示了贵州村落的形态——民居建筑依山傍水，每个聚落如散珠般点缀在崇山峻岭间。从沙盘中可以看出不同民族的居住偏好：中间是苗族的村落，他们的建筑一般是吊脚楼，顺着山一点一点建上去；高处的是彝族，他们居住在贵州海拔较高的地方；侗族、水族多住在沿河的地方；布依族居住在山坳里，他们的房子多为就地取材建成的石板房。

往前走，可以看到多种建筑模型。吊脚楼多为苗族、布依族、侗族、土家族、水族等民族建造。他们世代依山建寨，为充分利用山地地形，单体建筑靠山一面依山势立地基于斜坡上，另一面以柱子支撑落于下层基础上，形成半边吊脚。

干栏式粮仓是用来收藏谷物的建筑。黔东南地区的苗族村寨多把粮仓建在水上，用青石块垫脚，可以防鼠、防虫、防火灾。没有水的地方怎么办呢？"瑶族粮仓在底部柱脚套上光滑釉面的罐子，这样一来，老鼠就爬不上去了。"讲解员说。

鼓楼为侗族特有的公共建筑，是侗家房族的标志，每一个房族都有自己的鼓楼。鼓楼不仅是族人娱乐、休闲的地方，也是全族集会、议事之地。鼓楼为杉木结构的塔形建筑，底部为多边形，顶部为多角形，楼层均为单数，整个建筑不用一钉一铆，全部用桦槽衔接，历经数百年不朽不斜。

风雨桥、土墙房、石头房……各式各样的建筑反映出不同地域、不同民族的审美情趣和价值观念，凝聚着各族人民传承千百年的智慧。

服饰文化绚丽多彩

贵州少数民族刺绣历史悠久，心灵手巧的各民族妇女用刺绣记录历史、传承文化，表达对美好生活的憧憬，形成色彩丰富、造型多样的装饰艺术。在"绣中乾坤"单元，一排展柜里展出12块绣片。苗族破线绣、侗族锁绣、苗族锡绣……每块绣片的工艺不同，图案各异，富有浓郁的生活情趣。

贵州施洞苗族破线绣蝴蝶妈妈纹衣袖绣片

贵州民族服饰色彩绚丽，种类繁多，被誉为"穿在身上的史书"。"霓裳世界"单元将各民族服饰按式样分为三类展出：对襟衣、贯首服和大襟衣。每套服饰都是从少数民族地区征集而来，颇具代表性。

一组展柜里的4套服饰体现了黄平地区苗族女性从童年到老年的服饰变化。女童盛装上身点缀着不少银饰，下身为绣边中长裙，显得俏皮灵动；少女装以玫粉色调为主，裙子呈深色调，裙边花纹与上衣呼应，优雅而不失活泼；新娘装挂满了闪亮的银饰，只有在没挂银饰的地方，才能窥见红色的底裙；老年女装的底色和花纹都以暗色调为主，朴素而庄重。

走进"似雪银花"单元，各式各样精致华美的银饰令人啧啧赞叹。最惊艳的要数展厅中央独立展柜里的一顶苗族银冠。该银冠整体呈圆帽状，帽顶站立着一只展翅的脊宇鸟，帽身簇拥着上千朵银花，并镶有蝴蝶、蜻蜓等苗族崇拜的图腾，尾部拖着长长的银片流苏。在灯光映照下，银冠光彩熠熠，精美绝伦。

贵州黄平苗族银冠　　　　　　　　　贵州施洞苗族银凤头插针

　　在人生的各个重要环节，少数民族都有特定的礼俗。"敬重礼仪"单元展示了从出生到成人、从恋爱到结婚、从年老到死亡的各种仪式及所用物品。花带是苗族青年表达爱情的一种信物。苗族男女在芦笙场上相会，男孩若看中女孩，就会围着女孩吹芦笙；女孩如果也看中这个男孩，就会将腰上的花带解下来系在男孩的芦笙上，表示"我也喜欢你"。

　　在摆放祝寿物品的展柜，一幅苗族红底铺金八仙纹祝寿贺幛很有意思。幛面上的图案是八仙过海，数一数却有九个神仙。讲解员说，第九个神仙就是这个寿星，祝寿的子女借此表达美好的祝福，希望老人能像神仙一样长命百岁。

本文图片均由贵州省民族博物馆提供

云南省博物馆

云南省博物馆

探寻七彩高原的文明足迹

刘　婷 / 文

作为昆明市的地标性建筑，云南省博物馆北接广福路，西临宝象河，东与云南大剧院相望，南接季宏路，四周景观通透，庄重大气。

云南省博物馆外观

走近博物馆，这座造型独特的建筑物在阳光下熠熠发光。博物馆主体建筑平面呈回字形，形似云南"一颗印"式传统民居建筑；外观颜色为红铜色，意在体现云南"有色金属王国"的美称；建筑外墙造型和表面纹饰好似风化的石林。

云南省博物馆成立于1951年，2015年迁至广福路新址。新馆建筑面积6万余平方米，主体建筑地面5层、地下2层。宽敞的展陈空间、功能齐全的服务设施、精心打造的绿化景观，给观众带来美好的体验。

探秘古滇青铜文化

云南省博物馆现有23万余件藏品，其中国家一级文物509件（套），藏品类别丰富，年代跨度大。馆内基本陈列"云南历史文明陈列"包含六大展览："远古云南——史前时期的云南""文明之光——青铜时代的云南""南中争雄——东汉至魏晋时期的云南""妙香佛国——唐宋时期的云南""开疆戍边——元明清时期的云南""百年风云——近现代时期的云南"，共展出馆藏精品文物1万余件（套），以通史陈列的形式叙述了从远古时期直至云南和平解放的历史进程，全面系统地展示了云南各族人民在红土高原创造的辉煌文明。

云南省博物馆原馆长马文斗介绍，"远古云南"是云南省博物馆新馆展览的一大亮点，通过沙盘、文物、模型、影视资料、场景再现、高新电子设备等，展示云南远古生物与地质环境、人类起源与民族多元格局形成原因等内容，具有重要的科普教育意义。

走入"文明之光"展厅，一幅青铜时代的画卷徐徐展开。展览分为云南青铜时代的开端、云南青铜时代概况、西南夷的翘楚——滇国、汉代的益州郡四部分，带领观众走近神秘的古滇国，感受云南青铜文化的光辉灿烂。

关于云南何时进入青铜时代，学界有夏代初期、夏代中晚期和公元前12世纪末等说法。在长达1000余年的云南青铜时代，其文化以丰富多彩的内容、生动的表现形式、精湛的铸造工艺和独特的民族风格著称。

战国牛虎铜案造型奇特，构思新颖，既有中原地区四足案的特征，又具有浓郁的地方特色，是云南青铜文化艺术的杰作。

牛虎铜案1972年出土于江川李家山墓葬群中墓坑最大、随葬品最多的24号墓，高43厘米，长76厘米，其造型由二牛一虎巧妙组合而成。一头体壮的大牛为主体，牛四脚为案足，反弓的牛背作椭圆形案盘面，一只猛虎扑于牛尾，四爪紧蹬于牛身上咬住牛尾，向着案盘面虎视眈眈。大牛腹下站着一头悠然自得的小牛，首尾稍露出大牛腹外。

案又称"俎"，是中国古代一种放置肉祭品的礼器。牛虎铜案是用来放献祭牛牲的，这是古代祭祀中最重要的献祭，牛牲在祭祀三牲中居首

战国牛虎铜案

位。虎在古滇文化中具有崇高地位，常立于滇人祭祀的铜柱顶端，为崇拜之对象。

贮贝器是古滇青铜器中最具代表性的文物，在其他地区从未发现。贮贝器类似于现代的存钱罐，古滇国贵族用它来储存货币海贝，它也是彰显权贵地位、祭祀祖先、歌功颂德的重要器物。目前，云南省博物馆共藏有贮贝器30余件，这些贮贝器的精彩之处在于器盖和腰部，其上铸造着生动活泼的人物和动物，表现了生产、生活、战争、祭祀等场景，为了解古滇国的政治、军事、文化、经济、社会习俗等提供了重要资料。

出土于晋宁石寨山的西汉四牛鎏金骑士铜贮贝器尤为珍贵。该器为典型的束腰圆筒形贮贝器，高50厘米，盖径25.3厘米，器身两侧有虎形双耳，器盖上铸有四牛。在器物的顶端，有一名威武的骑士跨坐于马上，马昂首翘尾，骑士全身鎏金，显得格外耀眼。马文斗介绍，四头环绕而

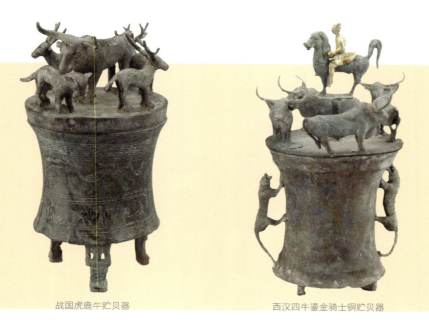

战国虎鹿牛贮贝器   西汉四牛鎏金骑士铜贮贝器

行的牛可能象征着墓主人生前拥有大量财富，位于中央居高临下的骑士可能代表着墓主人极高的权力与地位。

展示佛教艺术瑰宝

"妙香佛国"是云南省博物馆最具特色的展厅之一，以大量精美文物展示了云南唐宋时期约600年的历史。

隋末唐初，洱海地区有6个实力较强的小国，被称为六诏。唐开元二十六年（738年），蒙舍诏统一六诏，建立南诏政权，随后不断向四面扩张。937年，段思平建立大理国。大理国基本继承了南诏的领土范围，并一直与宋朝通好，保持着臣属关系。南诏大理国时期是云南地方文化大发展的时期，疆域内文化充分融合，形成了多民族和谐统一的格局，佛教在云南大力发展，成为国教，大理国段氏22代君王中有9人禅位为僧，云南（大理国）也因此被誉为妙香佛国。

展厅里的众多文物中，银鎏金镶珠金翅鸟立像格外引人注目。金翅鸟梵名"迦楼罗"，是佛教"天龙八部"之一。传说它原是一种凶猛的大鸟，展开巨大的翅膀能拨动海水使之分开，可慑服诸龙，消除水患。后来迦楼罗皈依佛法，成为佛的护卫神鸟。大理曾是水灾频发的地方，在民间信仰中，金翅鸟被视为大理洱海的保护神，备受尊崇。直到今天，大理仍随处可见金翅鸟的形象。这件金翅鸟立像为大理国时期作品，1978年出土于大理崇圣寺主塔。鸟头饰羽冠，羽翅向内卷做欲飞状，两爪锋利有力，立于莲座之上；镂花火焰形背光插在尾、身之间，饰水晶珠5粒。整体体态雄健，充满动感，工艺细腻，造型精美绝伦。

阿嵯耶观音是南诏大理国最重要的一位神祇，其修长挺直的身躯、高耸的头饰、发辫及服饰具有鲜明的云南地方特色，与世界其他地区的观音造型迥然不同，民间称之为"云南福星"。大理崇圣寺主塔出土的银背光金阿嵯耶观音立像总重1135克，是目前已知宋代最大的一件以纯金铸造的佛像，也是大理国最珍贵的佛教艺术瑰宝。观音高髻双辫，戴化佛天冠，面作女相，手结妙音天印。上身袒露，下身着裙，束花形腰带，赤足。足下有方柱形榫头，身后饰银质长葫芦形镂空雕花背光。这件观音像铸造后并未打磨抛光，但至今依然金光熠熠。

大理国银鎏金镶珠金翅鸟立像

大理国银背光金阿嵯耶观音立像

讲述明代藩王传奇

元明清时期，汉族、蒙古族、满族等大量进入云南，与当地土著居民聚居在一起。云南逐渐形成汉族人口占大多数的多民族融合格局。

在"开疆戍边"展厅，金镶红蓝宝石冠引得观众啧啧赞叹，它的背后是明代开国功臣沐英的故事。沐英是朱元璋收养的义子，跟随他四处征战，立下赫赫战功。平定云南后，朱元璋命沐英镇守云南。沐英治理云南期间，大兴屯田，劝课农桑，礼贤兴学，使云南经济得到快速发展，百姓安居乐业。沐英去世后，被朱元璋追封为黔宁王，沐氏子孙承袭"黔国公"封爵，世代镇守云南，直至明代灭亡。

这件金冠出土于昆明市呈贡区王家营沐崧夫妇合葬墓，是沐氏家族显赫身份的体现。其造型呈半球形，由4层形似莲花瓣的薄金片累叠而成。冠面镶嵌红、蓝、绿、白等各色宝石50多颗，绚丽夺目。冠两侧各

明代金镶红蓝宝石冠　动脉影摄

有小孔两个，用4支金簪穿入冠内发髻之中以固定冠身。此冠融锤揲、錾刻、镂空、镶嵌、焊接等多种工艺技法于一身，反映了明代金器制作水平的高超，更显现出王侯之物的华贵。

见证聂耳音乐人生

滇军首领唐继尧的调兵虎符、"护国运动"发起人蔡锷使用过的军刀、云南升起的第一面五星红旗……在"百年风云"展厅，一件件展品诉说着云南近代以来风云变幻的故事。

唐继尧调兵虎符

蔡锷的军刀

一把红色小提琴吸引了观众的目光，它是人民音乐家聂耳生前钟爱的乐器。聂耳祖籍云南玉溪，1912年生于昆明。1931年初，聂耳因帮助朋友代租电影片邮寄回昆而获得100元酬金，他将这笔钱的一半汇给母亲，剩余的购置了几本乐谱、一件冬衣和一把小提琴。在聂耳的日记中，他曾多次提到自己的小提琴。比如，1933年1

聂耳的小提琴

月31日，他写道："今天和小提琴的感情特别好，有空便回来拉，开过三次琴箱。"1934年1月29日，他写道："从今年第一天第一时起便不断地努力练习小提琴。"甚至在他离世的前一天，也就是1935年7月16日，他仍在日记中提道："明天开始新计划，随时不忘的是读书！拉琴！"7月17日，聂耳在日本藤泽市鹄沼海滨不幸溺水身亡。

从拥有小提琴到意外离世，这把小提琴始终伴随着聂耳，见证了他短暂而辉煌的音乐人生。聂耳1935年为电影《风云儿女》创作的主题曲《义勇军进行曲》，反映了中华民族在危难之时团结一心、奋勇抗争的精神。随着影片的热映，《义勇军进行曲》很快在国内流行起来，成为家喻户晓的革命歌曲，后来被定为中华人民共和国国歌。20世纪50年代，聂耳的家人和好友把他的大部分遗物捐赠给云南省博物馆，其中就包括这把他心爱的小提琴。作为云南省博物馆的"镇馆之宝"之一，聂耳的小提琴入选《国家宝藏》节目，这件国宝背后的故事感动了无数人。

除特别注明外，本文图片均由云南省博物馆提供

云南民族博物馆

传扬灿烂民族文化

刘　婷／文

　　云南是中国拥有世居民族最多的省份，人口在6000人以上的世居民族有26个。除汉族外，彝族人口最多，白、哈尼、傣、傈僳、佤、拉祜、纳西、景颇、布朗、阿昌、普米、德昂、怒、基诺和独龙15个民族是云南特有民族。

　　云南民族博物馆矗立于风光秀美的昆明滇池国家旅游度假区内，建筑群呈庭院回廊风格，是中国规模最大的民族类博物馆。

　　自1995年建成开馆以来，云南民族博物馆以保护、弘扬民族文化为己任。馆内珍藏民族文物近5万件（套），基本陈列有"民族服饰与制作工艺""民族文字古籍""民族乐器""民族民间陶艺""民族民间面具""民间瓦当""民族工艺美术""铸牢中华民族共同体意识　建设全国民族团结进步示范区——中国特色解决民族问题正确道路的云南实践"。

礼乐经典传文化

色彩绚丽的苗族女盛装、以野猪牙装饰的独龙族王帽、彝族祭司主持宗教仪式时穿着的"毕摩"服……走进"民族服饰与制作工艺"展厅，不同材质、不同款式、不同工艺的民族服饰令人大开眼界。

西双版纳傣族、哈尼族的树皮衣颇具特色。这套服装包括翻檐圆帽、圆领对襟衣、中腿裤。树皮衣是用箭毒木的树皮制成，具有透气性好、韧性强的特点，使用时间越长就越柔软。箭毒木学名叫"见血封喉"，它的汁液有一定的毒性，可以涂抹在箭头上捕杀动物。

景颇族妇女的节日盛装又称"银泡衣"。相传远古有一个景颇女孩是

哈尼族树皮衣

景颇族妇女节日盛装"银泡衣"

龙王的女儿，她善良美丽，热心助人。她死后，人们为了纪念她，便在衣服上钉满银泡，象征龙鳞。每当景颇族欢度传统节日"目瑙纵歌"时，妇女们都会穿上这样的华丽服饰，参加盛大的万人舞蹈表演，抖动身上的银泡发出有节奏的清脆响声，场面蔚为壮观。

在"民族文字古籍"展厅，古籍文献、碑铭拓片、金石印章等诉说着各民族的悠久历史。纳西族东巴文是一种兼备表意和表音成分的图画象形文字，被称为文字起源和发展的"活化石"。东巴经是用东巴文记录的经书，内容涉及历史、政治、天文、地理等方面，蕴藏着丰厚的文化内涵。

傣族贝叶经是用铁笔在贝多罗树叶上刻写而成的，内容除佛教经典外，还有一些传说、故事、诗歌、历史记载等。贝叶经过水煮等特殊工艺处理后，可以防虫、防水、防变形，能够保存几百上千年。

纳西族东巴祭署神经

傣族贝叶经

东晋爨（cuàn）宝子碑和南朝爨龙颜碑的拓片讲述了古代云南大族爨氏的故事。爨氏为东汉末至唐初"南中"（包括今云南全省、贵州西部、四川南部）大姓之一，是滇东和滇池地区的世袭统治者。爨宝子碑全称为"晋故振威将军建宁太守爨府君之墓碑"，也被称为"小爨碑"。建宁（今曲靖）是当时南中的政治、经济中心，爨宝子为建宁太守，他在任时社会较为安定，人民安居乐业。爨宝子去世后，其属官为他刻石立碑，记述了他的生平事迹。

　　爨龙颜碑是南朝刘宋宁州刺史爨龙颜的墓碑，又被称为"大爨碑"，现存于曲靖市陆良县贞元小学。碑文内容为爨氏渊源和爨龙颜生平事迹，对于研究爨氏历史及其政权的组织机构、礼乐制度和民族关系等具有重要价值。

东晋爨宝子碑拓片

傣族葫芦丝、傈僳族"吉
吱"、哈尼族马腿琴、瑶族百楔扁
鼓……类型多样的民族乐器承载
着灿烂的民族文化。白族龙头三
弦不仅是乐器，还是精美的工艺
品，琴首雕有栩栩如生的龙头，
并饰有彩珠，极具观赏价值。龙
头三弦高音清脆、中音圆润、低
音深沉，具有很强的艺术感染力。

白族龙头三弦

巧手精艺夺天工

从绚丽的绘画、剪纸到形态各异的面具，从质朴典雅的陶器到光彩
夺目的金属器，丰富多彩的民间工艺品凝聚着各族劳动人民的智慧和创
造力。

"民族民间陶艺"展厅展示了藏族黑陶、傣族红陶、华宁釉陶、建水
紫陶等代表性陶器和民间陶塑镇宅瑞兽。

云南藏族黑陶主要流传于迪庆藏族自治州香格里拉市尼西乡汤堆村，
这个村子出产的黑陶器远近闻名。在迪庆州德钦县距今约3000年的石棺
墓中出土了黑陶双耳罐，其造型与今天汤堆村的单耳茶罐相似。汤堆村
陶器颜色黝黑，在不同光线下呈现紫、靛、银等色泽。器形多为鼓腹小
口，注重器表装饰，有的堆塑麒麟等形象，有的雕刻花纹图案，有的镶
嵌白瓷片，黑白对比醒目别致。2008年，迪庆藏族黑陶烧制技艺被列入
第二批国家级非物质文化遗产名录。

建水紫陶产生于清代，是中国"四大名陶"之一，也是国家级非物质文化遗产。建水紫陶制作精细，以泥胎细腻和无釉磨光为特点，用绘画、镂刻、彩泥镶填等进行装饰，古朴雅致，享有"文人陶""雅陶"之美誉。云南民族博物馆收藏了一大批陶艺大师的作品，如云南省高级工艺美术师肖春魁创作的"古韵流芳"陶壶，其造型源于商周青铜器，壶钮以古代怪兽装饰，壶把为蛇形，圆形壶身，三足底，端庄大气。

瓦猫是云南彝、白、哈尼、汉等民族常用的建筑装饰物，安放在房屋门头瓦脊或屋顶正脊、飞檐，有镇宅、避邪、祈福之功用。瓦猫多凶猛威严、双目圆睁、双耳直立、阔口尖牙、四肢粗壮、尾巴上翘。不同地区的瓦猫形象大有区别，但其造型都极尽夸张之能事，以增强其神力。鹤庆白族瓦猫整个面部几乎就剩一张大嘴，可以吞掉所有不吉之物；玉溪、剑川的瓦猫头上长角，具有威慑妖魔、清除灾祸的法力。

"民族工艺美术"展厅包括民间绘画、剪刻工艺、雕塑工艺、金属工艺4个单元。云南素有"有色金属王国"之美誉，各民族创造的锡器、银

藏族尼西黑陶　　　　肖春魁创作的"古韵流芳"陶壶　　　　昆明汉族瓦猫夫妻

器、铜器等，琳琅满目，美不胜收。

云南斑铜有生斑和熟斑两种。生斑铜以含铜量90％以上的自然铜为原材料，经过锻打、烧斑、打磨、显斑等多道工序制成。它"妙在有斑，贵在浑厚"，褐红色的表面呈现出流光溢彩、变化微妙的自然晶斑。熟斑是在熔化的纯铜中加入适当比例的其他金属，在混而不合的状态下，经过浇铸成型、磨光、着色显斑等工艺制成。熟斑斑纹略呈放射状，大小分布有致，造型较生斑更为丰富、细腻。展厅里展示了生斑香盒、生斑花瓶、熟斑孔雀、熟斑牛鼎等，精美绝伦，令人赞叹。

乌铜走银始创于清雍正年间，据传为石屏县岳家湾村岳飞后裔岳永兄弟所创，曾与北京景泰蓝并称"天下铜艺双绝"。它以铜为胎，在胎上雕刻各种花纹图案，然后将熔化的银（或金）填入花纹图案中，冷却后打磨光滑，时间久了底铜变为乌黑，透出银（或金）纹图案。由于一般以嵌银为主，故称乌铜走银。展厅中的乌铜走银万德吉祥香炉、鸳鸯壶、靴形水烟袋等，古色古香，精巧别致。

生斑花瓶　　　　　　　　　熟斑孔雀　　　　　　　　乌铜走银鸳鸯壶

民族团结谱新曲

云南是祖国统一多民族大家庭团结友爱、和谐共处的缩影。"铸牢中华民族共同体意识　建设全国民族团结进步示范区——中国特色解决民族问题正确道路的云南实践"展厅全面生动地展示了云南民族工作成果，勾勒出新时代民族团结进步的画卷。

展厅内复制了位于普洱县城西北侧普洱民族团结园内的"民族团结誓词碑"。碑文记载了1951年普洱专区第一届兄弟民族代表会议剽牛喝咒水、团结一心跟着共产党走的誓词，并有26个民族的部分头人代表及党政军代表48人用傣文、拉祜文、汉文书写的签名。此碑阳刻碑名，阴刻楷书碑文："我们廿六种民族的代表，代表全普洱区各族同胞，慎重地于此举行了剽牛，喝了咒水，从此我们一心一德，团结到底，在中国共产党的领导下，誓为建设平等自由幸福的大家庭而奋斗！此誓。"

一枚见证云南革命历史的木制印章吸引了观众注意，其上刻汉字篆书"华永宁边区夷务指挥"。1949年8月下旬，中共滇西北人民自卫军第三支队（中国人民解放军滇桂黔边纵队第七支队的前身，以下简称三支队）在丽江县城召开会议，决定成立滇西北人民自卫军华永宁边区彝务指挥部，并立即着手缝制军旗、雕刻印章，将刻有"华永宁边区夷务指挥"的印章和军旗授予黑彝贵族首领余海清，以组织凉山彝族游击武装配合作战。成立大会上，依照凉山彝族的风俗，三支队和彝务指挥部全体官兵燃起篝火，举行庄重的剽牛和钻牛皮仪式，以示团结一心、永不反悔。

展厅里采用AR、VR等科技手段实景展示"美丽云南"，并打造了多种互动设备。观众可以通过立体成像设备拍照留念，照片呈现在一个形

"华永宁边区夷务指挥"印章

似大石榴的球体表面，组成中国地图的形状，生动展现"各民族像石榴籽紧紧抱在一起"。在"续写誓词碑"签名体验中，用手指在电子屏上写下自己的名字，签名就出现在"民族团结誓词碑"中，并能导出照片，让人感受多年前各民族代表歃血为盟的激动心情。

本文图片均由云南民族博物馆提供

济南市博物馆

济南市博物馆

品味"泉城"历史文化

陆培法 / 文

"四面荷花三面柳，一城山色半城湖。"山东济南素有"泉城"之称，喷涌不息的泉水汇成大明湖，与佛教圣地千佛山交相辉映，构成一幅美丽的图画。

济南市博物馆坐落于千佛山脚下西北侧。济南"山、泉、湖、河、城"融合的独特风貌与灿烂辉煌的历史文化，生动地展现在这座博物馆中。

考古探源

济南市博物馆创建于1958年12月，现馆址于1997年正式投入使用，展陈面积约2400平方米。博物馆现有7.6万件（套）藏品，涵盖陶瓷、玉器、铜器、书画、杂项、古籍、革命文物等10多个类别，其中国家一级文物70件（套）。

基本陈列"古城辉煌——济南历史暨馆藏文物展览"通过400余件（套）珍贵文物与多种辅助展品，展示了历史文化名城济南丰厚的文化底蕴。该展览分为两部分：第一部分"回望千秋——济南历史"由"济南的远古文化""济南的古城古国""济南的历史名人"3个单元组成；第二部分"珍藏永恒——馆藏文物"包括"熠熠生辉的青铜艺术""巧夺天工的雕塑艺术""古朴沉雄的石刻艺术"。

走进"回望千秋——济南历史"展厅，济南源远流长的历史脉络清晰呈现在眼前。济南地区目前发现年代最早的文化遗迹为后李文化。后李文化因首次发现于山东临淄后李村而得名，距今约8500年—7500年。深腹圜底釜是后李一期文化最具代表性的器物，相当于今人使用的锅。

在后李文化之后，济南相继进入北辛文化和大汶口文化。济南市博物馆曾参与山东泰安大汶口遗址的发掘，取得丰硕成果。展柜里展示了大汶口遗址出土的白陶壶等珍贵文物。

新石器时代大汶口文化白陶壶

1928年，考古学家吴金鼎在今济南市章丘区龙山村发现了举世闻名的城子崖遗址。1930年，中国第一位人类学及考古学博士李济主持开展城子崖遗址的第一次大规模发掘。此后又经过多次发掘，发现了以磨光黑陶为代表的大批文物。考古学家将这种以黑陶为显著特征的新石器时代晚期文化命名为"龙山文化"。

龙山文化距今4600年—4000年，上承大汶口文化，下接岳石文化。龙山文化陶器制作普遍使用轮制技术，器壁厚薄十分均匀，尤其是蛋壳黑陶，漆黑乌亮、薄如蛋壳，其制作技艺之高超令人惊叹。城子崖遗址出土的蛋壳黑陶杯杯壁只有0.5毫米厚，重量约50克，是黑陶中的极品，甚至今人都很难烧制出这样的陶器。

造型独特的龙山文化白陶鬶吸引了观众的目光。此器为炊具，是用烧制瓷器的高岭土烧制而成，形状似鸟，有柄和3个空心短足，嘴像鸟喙。古代山东被称为东夷，东夷人崇尚鸟图腾，因此把鬶等器物制成禽鸟的形象。

该展厅还介绍了济南地区历年"全国十大考古新发现"的成果，如仙人台周代聚落与邿国贵族墓地、洛庄汉墓、双乳山西汉济北王墓等。

精雕巧塑

西汉初，设济南郡，郡治在东平陵，城址位于今章丘区龙山街道。《史记·齐悼惠王世家》记载"割齐之济南郡为吕王奉邑"，这是"济南"地名第一次在文献中出现。

"巧夺天工的雕塑艺术"展厅陈列着精美的陶塑、玉雕、石雕、竹木牙雕、瓷雕等，其中有一件西汉彩绘乐舞杂技陶俑，是济南市博物馆的"镇馆之宝"之一。

1969年，彩绘乐舞杂技陶俑出土于济南无影山汉墓，是一件随葬明器，重现了2000多年前流行的"百戏"表演精彩场面。此器中有21个陶俑，分别为7名乐工、7名观赏者、7名表演者，它们被固定在一个长67厘米、宽47.5厘米的陶盘上。陶盘两侧的观者宽衣深服、冠履整齐，显然是社会上层人物。右侧3人面前置有2只酒樽，象征着宴饮。陶盘后侧一排乐工，有的击鼓，有的敲钟，有的击磬，有的弹瑟，有的吹笙。身着花衣的2名女子挥动长袖，翩翩起舞。头戴尖顶小帽的4名男子正在表演杂技。还有1人身穿红袍，双臂张开，手中别无所持，似乎是歌唱者，它是陶盘中唯一一个身体可以自由转动的陶俑。

此器构思巧妙、意趣盎然，在有限的空间中展示了西汉时期乐队的组合与表演场景，渲染出生动活泼的气氛。这种内容丰富、场面完整的乐舞杂技艺术立体形象，是迄今中国汉墓出土文物中仅见的，具有极高

西汉彩绘乐舞杂技陶俑

的历史价值与艺术价值。这件国宝级文物曾到日本、菲律宾等国展出，被称为稀世之珍。

元代木雕力士像是国家一级文物，由整块金丝楠木雕刻而成。这是一件建筑构件，明代重修济南城时被用于泺源门箭楼之上。它的背后有一个动人的故事。

1928年5月3日，日军为阻挠北伐，在济南制造了震惊中外的惨案。城门被炮火击毁，力士像木构件埋藏于瓦砾中。一名日本军人拾得力士像后，赠给朝日新闻社记者新宫寿天丸。新宫寿天丸将它带回日本，供奉于家中。

1956年，中日互派代表团访问，新宫寿天丸考虑再三，将这件力士像包装好，托代表团带回中国，并亲书《力士像欢送之辞》，表达对中国人民的友爱和祝愿。辞中写道："余访问中国几次，感最爱中国，对中国人民亦感亲近……近来中国改革，日新月异，爱中国精神旺盛，余最欢快，趁此机会，爱惜之力士像拟返还中国……力士像返国之后，看到中国之诸弊已完全拂底，政治之民主化，人民安居乐业，国运日日隆盛，他心中感慨如何？请力士像代我叫

元代木雕力士像

唤'万岁'！请力士像在中国永久保护，人民幸福！"1957年2月，中国人民对外文化协会（今中国人民对外友好协会）将此力士像转交济南市人民委员会，后交由济南市博物馆收藏。

于阗采玉图玉山子、寿山嵌宝石五子闹佛等玉石雕艺术品体现了清乾隆时期巧夺天工的雕刻技艺。五子闹佛用一整块寿山石雕刻而成，弥勒佛屈膝斜坐，大耳垂肩，袒胸露腹，5个童子在他身旁嬉戏，发式不同、姿态各异，他被童子们闹得挤眉笑眼。弥勒衣纹流畅自然，沿胸衣襟上嵌有9粒红绿宝石。此器雕琢极为细腻，人物栩栩如生，构图也十分精巧。

清乾隆寿山嵌宝石五子闹佛

吉金生辉

"熠熠生辉的青铜艺术"展厅展示了不同用途的铜器。商代晚期错金目纹戈是这个展厅的珍品。其戈体宽厚，援部舌条状，呈等腰三角形，中间起脊。銎部饰椭圆形瓦纹，内尾部等宽平齐，平齐处正反两面各有

一铭文和花纹。戈的援末与銎内相接处，正反两面分别装饰两个错金环形目状纹饰。此戈铜质较好，加工方法有特殊之处，形制、铭文都很有特点，历经3000多年，错金处依然熠熠生辉。

唐代金银平脱宝相纹葵花铜镜也是国家一级文物。此镜1971年出土于济南市解放路一座唐墓中，出土时已断为3块，后修复完整。此镜直径19厘米，六出葵花形，圆钮，钮周围饰六出重瓣形金片，其外为6个心状

唐代长沙窑犀牛瓷枕

纹银片中套宝相花纹金片。心状纹间缀瓣纹金片，现存5枚。

此墓早年被盗，除此镜外，仅出土一合墓志。据墓志考证，墓主人是唐代右威卫左中侯项承晖，虽然官阶不高，却是"贵妃之令弟，公主之季舅"，因而得以用金银平脱镜随葬。唐玄宗李隆基内宠颇多，不过这位项贵妃在新旧《唐书》中都没有记载。

一块铜版反映了宋代济南商业的繁荣。宋代城市人口众多，商品经济发达，不少店铺为了推销自己的产品，大打广告战。除了各式各样的店铺招牌广告外，还出现了一种很有创意的广告形式——将本店店名、商标和广告词刻成青铜版，印刷小广告分发。

一块青铜印版上方标明店铺字号"济南刘家功夫针铺"，中间刻有白兔捣药图，图案两侧注明"认门前白兔儿为记"。图案下方为广告词："收买上等钢条，造功夫细针。不误宅院使用，口口兴贩，别有加饶，请记白。"济南市博物馆展示的这件是复制品，原件藏于中国国家博物馆。它不仅有店铺标记，还有对商品质量和促销优惠条件的说明，是目前所见世界上最早出现商标广告的实物。

济南市博物馆建馆以来，相继推出"大汶口遗址出土文物展""历代陶瓷展""济南战役革命文物展""馆藏明清书画精品展""我从汉朝来""汤汤大河　生生不息——山东地区黄河文明特展"等近百个专题展览。1985年应邀赴日本和歌山市举办"济南历史文物展"，开创了山东省在国外举办地区性文物展览的先河。馆藏文物精品曾多次到国外展出，对促进中外文化交流和提高济南知名度起到了积极作用。

本文图片均由济南市博物馆提供

滕州市博物馆

滕州市博物馆

古城藏珍　滕韵绵长

陆培法 / 文

　　山东滕州，古为三国五邑之地、文化昌明之邦。这里是新石器时代北辛文化的命名地，是奚仲、墨子、鲁班等历史名人的故里，留下了大批璀璨的文物古迹。

　　滕州市博物馆的前身始建于20世纪50年代。2020年初，滕州市博物馆新馆建成并对外开放，成为展示滕州历史文化的重要窗口。馆内藏品5.2万余件（套），其中国家一级文物56件，北辛文化文物、商周青铜器、玉器为馆藏特色，尤以数量众多、纹饰精美、铭文丰富的商周青铜器享誉全国。

　　新馆基本陈列由"文明曙光""三国五邑""泱泱汉风""滕韵绵长""峥嵘岁月"五部分组成，介绍了从新石器时代早期到解放战争时期滕州的发展史。此外，还基于馆藏精品开设了4个专题展厅"赫赫青铜""镜鉴古今""陶风瓷韵""玉蕴华章"。

史前文化悠久灿烂

走进滕州市博物馆二层大厅，一幅紫铜壁画映入眼帘。壁画上展现了9个历史场景——北辛先民、奚仲造车、玄鸟生商、止楚攻宋、班门弄斧、文公问政、焚券市义、毛遂自荐、叔孙制礼，将滕州历史和重要文物串联起来。

新石器时代山东地区的原始居民是东夷人，他们创造了灿烂的史前文化。滕州地区史前文化发展脉络十分清晰，北辛文化、大汶口文化、龙山文化、岳石文化一脉相承。北辛文化因1964年发现于滕县（今滕州市）官桥镇北辛遗址而得名，距今7500年—6100年左右。

展厅里通过文物展示和场景复原的形式呈现了北辛先民的生活：他们住在半地穴式房屋里，主要种植粟类粮食作物，生产方式除了农耕还有采集、捕猎、驯养家畜等。北辛文化遗存中发现了大量石、骨、角、牙等加工而成的生产工具。先民们用石铲、鹿角锄等翻土松土，用石刀、石镰等收割庄稼、采集果实，用镞、矛等狩猎，用网捕鱼，用石磨盘、石磨棒、石杵等加工食物。

北辛文化时期的生活用具包含各种陶器，如陶鼎、陶钵、陶釜、陶鬲、陶纺轮等。陶盖鼎是北辛文化最具代表性的器物，由盖、腹、足三部分组成，腹部盛放食物，足部可以生火，盖子起到保温作用，是做饭用的炊具。滕州市博物馆藏有一件保存完好的北辛文化陶盖鼎，为夹砂陶质，口微敛，腹微鼓，口外侧饰一周锯齿状窄锥纹，口外沿有4个对称的小鼻，底部有3个锥形足。

大汶口文化因首先发现于山东泰安大汶口遗址而得名，距今6300年—4600年左右。滕州地区有多处大汶口文化遗址，东沙河镇岗上遗址是其中一处重要遗址，出土了大批陶器、玉器等。中心展柜陈列着岗上遗址出土的大汶口文化人面纹玉饰，这是迄今发现的时代最早的人面纹玉饰，玉质深褐色，器体扁平，近方形，正面以阴线刻画头形和五官，橄榄形眼眶内有横线作目，三角形鼻，短横线为口，面部表情平和；玉饰背面有一脊，脊上穿孔，可供佩戴。

承接大汶口文化的是龙山文化，以高超的制陶工艺闻名。此后便是岳石文化，为铜石并用的时期。展厅里展示了龙山文化黑陶鼎、岳石文化双孔石刀和亚腰石斧等代表性器物。

北辛文化陶盖鼎

大汶口文化人面纹玉饰

三国五邑佳话流传

夏商周时期，滕州地区分布着不少古国古城。除了滕、薛、郳三国之外，还有灵邱、昌虑、欢城、戚城和湖陵（一说郁郎）等城邑，被称为"三国五邑"。

据古籍记载，"滕"是古代东夷炎族后裔，炎黄之战后，炎帝大败，黄帝率族东来，封其第十子于此，以地名为国名，立滕国。西周初年，周武王封同父异母的弟弟错叔绣于此，建立了姬姓滕国，史称"叔绣封滕"。

展柜里的3件带铭文青铜器是1978年在姜屯镇庄里西村一座古墓中发现的，分别为1件铜鬲、2件簋，其中鬲上的铭文为"吾乍（作）滕公宝尊彝"。从形制、纹饰和铭文来看，三器为西周早期器物。"滕"铭铜器的发现，揭开了滕国的神秘面纱。

中心展柜展出滕州市博物馆的"镇馆之宝"——滕侯鼎。它是滕国国君祭祀用的礼器，通高27厘米，子母口加盖，盖上置4个卷龙状小钮，盖及口沿下饰夔龙纹、鸟形纹各一周，腹饰饕餮兽面纹4组，足饰蝉纹及卷云纹。盖、器内底部分别铸铭文2行6字——"滕侯作宝尊彝"。此鼎铜质精良、纹饰华丽、铭文清晰，代表了西周早期滕国青铜铸造的最高水平。

西周滕侯鼎

然而，这件珍贵的文物，当年差点被当作废品卖掉。1982年3月，庄里西村一个村民在田里干活时，挖到一座古墓。他将墓中挖出的6件青铜器带到废品收购站，所幸废品收购站的工作人员一眼看出这是文物，当即打电话通知文物保护部门。考古人员赶到现场后，对古墓进行抢救性清理发掘，出土文物20余件。

　　考古研究表明，庄里西村是滕国贵族集中埋葬之地，自西周早期一直延续至战国早期。展厅中展示了庄里西村发现的一系列文物：青铜匜和青铜盘是成套的盥洗用具；青铜面具透雕张口瞪目的兽面，是巫术活动的道具；彩绘龙形耳陶簋和凤形耳陶簋造型独特，为祭祀用品；战国骨梳梳齿细密，梳背上雕刻两只展翅欲飞的瑞鸟，工艺精湛。

　　据《左传》记载，滕国面积只有方圆50里，这样一个小国却能延续700多年，令人惊叹。滕国历代国君积极推行强国之策，尤其是战国时期的滕文公采纳孟子的治国思想，法先王、行仁政、施善教，政绩斐然。滕国被誉为"善国"，慕名来滕定居者络绎不绝。展厅里再现了滕文公向孟子问政的场景，展板上介绍了有关"善国"的5个历史故事。

　　薛国建立于夏代，至战国中期为齐国所灭，历时约1700年，是先秦时期享国时间最长的方国之一。据史籍记载，夏禹时，奚仲为车正，受封于薛；商初，薛国国君仲虺任商汤之左相；西周时期，妊畛承薛，传国31世。公元前321年，齐威王将占领的薛地封给少子田婴，妊氏薛国由此变为田氏薛郡。田婴去世后，其子田文（孟尝君）继承薛地。孟尝君在此广纳门客，留下了焚券市义、狡兔三窟、鸡鸣狗盗等历史故事。

　　滕州境内发现了薛国故城遗址、大康留遗址、前掌大遗址等薛国遗迹。大康留、吕楼、轩辕庄等地出土的商代铜器证明，最迟在商代中期，商文化已东进至滕州地区。

前掌大遗址位于官桥镇前掌大村，西距薛国故城约1公里，为商末周初薛国贵族墓地。展柜里展出了前掌大遗址出土的珍贵文物，有铜簋、铜爵、铜觯、石犀牛、骨管等，勾勒出商末周初薛国的繁荣景象。

金玉满堂熠熠生辉

在"赫赫青铜"展厅，可以看到各种形制的青铜礼器、食器、酒器，成套编钟、编磬等乐器，还有青铜兵器和车马用具等，蔚为壮观。

这个展厅里有一件名为"不其簋"的珍品。此簋1980年发现于城郊乡后荆沟村，器内底部铸文151字，器盖有铭文31字。考古人员发现，器身的铸造工艺比器盖精细，纹饰有区别，铭文内容也大不相同。器内铭文记述了猃狁进犯周人西部边境，"不其"受命与之作战，获胜后得到赏

战国编钟

赐。考古人员想起中国历史博物馆（现为中国国家博物馆）收藏的一件簋盖上有类似内容的铭文，经过比对发现，这件簋盖的形态、纹饰与不其簋器身的风格十分相似，盖上的文字仅比器身铭文多1个字，个别字写法略有不同，簋盖口径与不其簋器身的口径完全吻合。由此可知，这件簋盖应为不其簋原配器盖。

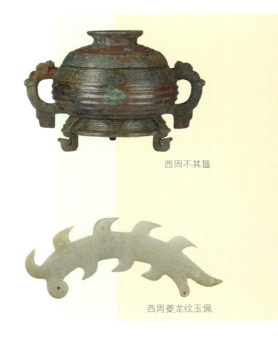

西周不其簋

西周夔龙纹玉佩

据《史记》记载，秦庄公名其；"不"在商周青铜器铭文中常作助词，与"大"相似，有褒奖的意思。因此，不其簋的主人很有可能就是秦庄公。秦庄公破西戎（猃狁）后，受到周王封赏，秦国由此走上了强国之路。

"玉蕴华章"展厅展示了自大汶口文化时期、商周时期至清代的玉器精品。其中有一件西周夔龙纹玉佩格外精美。此器为青白玉制成，大体呈璜形，两端分叉，外弧边有4个扉牙，内弧边有3个扉牙，内外扉牙交错分布，倾斜方向相反，颇具动感。双面雕刻相同的纹饰，两端为螭龙纹，中部为相缠的龙身。器身两端各有一孔。专家认为此器是玉环的改制件，造型和纹饰体现了海岱地区文化特色。

本文图片均由滕州市博物馆提供

济南市章丘区博物馆

济南市章丘区博物馆

铺开古文明传承的绚丽图卷

李　芳　庞　婧　陈翠芬／文

　　济南章丘是山东地区文化发展脉络最清晰的古文化中心之一。早在9000年前的新石器时代中早期，先民们就在此繁衍生息，数千年来文明薪火相传，形成了后李文化、北辛文化、大汶口文化、龙山文化、岳石文化乃至商周先秦文化、汉文化序列。走进章丘区博物馆，悠久的历史和厚重的文化积淀，透过一件件文物向你娓娓道来。

　　济南市章丘区博物馆始建于1984年，2016年元旦新馆正式对外开放。新馆坐落于章丘区文博中心"五馆"中间位置，建筑面积约3万平方米，展陈面积9000平方米，馆藏文物多达2.6万余件，其中一级文物9件，是集文物收藏、展示、研究、宣传教育于一体的综合性地志博物馆，年均接待观众近30万人次，每年组织社教活动80多场，"博古通今·情怀章丘""奇妙博物馆之旅"等活动取得良好反响。

焦家玉器　见证史前文明曙光

地处济南章丘的焦家遗址是5000多年前鲁北古济水流域一处具有政治、经济、文化中心意义的聚落。在未发现文字记载的上古时代，黄河、长江流域多元文化圈相互碰撞，最终融汇出中华文明。中国东部地区的文明起源和发展，在焦家遗址中可见一斑。章丘地区是考古重镇，焦家遗址南面5公里便是城子崖遗址，那是龙山文化最早被发现和命名的地方。而城子崖往西不到2公里，又有山东地区最早的新石器时代文化——后李文化的西河遗址。焦家遗址的考古发掘填补了鲁中北地区大汶口文化中晚期居住形态研究的空白，可以这样说：焦家遗址是衔接周围上古文化的一块拼图。2018年4月，焦家遗址被评为"2017年度全国十大考古新发现"之一。

走进章丘区博物馆历史文物展厅，焦家遗址出土的陶器、石器、骨角器和大量精美玉器映入眼帘。这些器物反映出当地先民们的生产生活状态：人们开始使用陶制鼎、豆、碗、盆等器型多样的食器，掌握了石器打孔和磨制技术，制作的工具更加精细。而玉器则属于高端

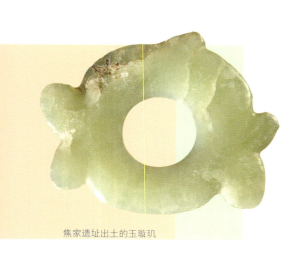

焦家遗址出土的玉璇玑

产品，主要出现在较高等级的墓葬中，无论是权杖礼器还是装饰品，均是权贵的象征。

博物馆展出了来自焦家遗址的玉铲、玉斧、玉锛、玉环、玉璜、玉坠、玉指环等，这些玉器精雕细琢，并经过打磨抛光，显示出当地先民的玉器制作水平。玉铲是焦家玉器的典型器物之一，具有一定的象征性，表明当时人们对生产的重视。但此时尚未出现玉琮，而多玉环、

焦家遗址出土的玉璜

焦家遗址出土的玉铲

焦家遗址出土的玉坠

玉坠等装饰品，这是大汶口文化玉器的特色。大批量玉器的出土，表明该地区已开始迈进文明时代。有研究者认为，焦家遗址是一处规模较大的大汶口文化聚落中心，可能是一座原始的城。

车马礼乐　演绎辉煌汉代文化

在汉代，章丘东平陵城是济南国的都邑所在地，冶铁、制铜、制陶等手工业发达，形成了繁荣的城市商业贸易，孕育出辉煌灿烂的文化。

章丘区博物馆精品陈列展厅的"惊世汉王陵——洛庄汉墓文物展"和"车马威仪——危山汉墓文物展"，曾被评为省级精品陈列展览。豪华的驷马王车、庞大的乐器阵容、精美的彩绘陶俑……再现了西汉时期的文化盛景。

洛庄汉墓车马坑复原展示

洛庄汉墓是"2000年度全国十大考古新发现"之一，其出土文物种类之多、器物造型之精美、保存之完好在相同类型的汉墓中极为罕见。在洛庄汉墓出土的近3000件文物中，来自乐器陪葬坑的19件编钟、6套编磬和鼓、瑟等西汉王室乐器尤为引人瞩目。编钟工艺考究，保存完好，只有少量锈蚀痕迹，出土时轻轻一拭即锃亮如新，令人惊叹。这是国内考古发现的第一套西汉编钟，钟内调音痕迹清晰可见，为实用器。洛庄汉墓乐器坑的发现，在许多方面填补了汉代音乐史的空白，极大地丰富了中国古代乐器宝库，对汉代音乐史和礼乐制度研究产生了深远影响。

　　另一个展区展示了精品车马配饰，其中不得不提的是西汉鎏金青铜当卢。当卢为古代贵族驾乘之马额上饰物，一般放置在马的额头中央偏上部。这件当卢形如树叶，镂空浮雕，造型优美，工艺精湛，主题图案为一匹卷曲呈反"S"形的骏马。马头向上朝前，额前鬃毛飘卷，耳如削

洛庄汉墓出土的乐器

竹，眼圆外凸，鼻阔方深，下颌方圆，显出良马之剽悍。其前蹄弯曲腾空，后蹄下踏云鸟，似飞奔之状。整体构图以富有动感的马为中心，辅以变化的鸟纹和云纹，给人以活泼灵动之感，在国内出土的当卢中实属难得的艺术佳作。

西汉鎏金青铜当卢　　　　西汉纯金鹰首节约

2002年，章丘区圣井镇危山景区进行植树绿化时，偶然发现了汉代墓坑。经考古发掘，共发现陪葬坑3座，包括车马俑坑、与墓主人生活有关的俑坑等。车马俑坑呈南北向，南北长约9.5米，东西宽1.9米，深0.7—0.9米。坑内遗物包括170多件陶俑、50余匹陶马、4辆陶马车、近百面盾牌等，色彩艳丽，栩栩如生。此外还发现了建鼓、鼙（pí）鼓、璧、磬、珠等与鼓乐和礼制有关的陶制品。车马俑坑的西侧为与墓主人生活有关的俑坑。此坑南北长3.3米，东西宽2.6米，坑底部有1辆车、2匹马和7件陶俑。

危山兵马俑规模宏大、结构完备、造型丰富，被誉为仅次于秦始皇陵兵马俑、陕西咸阳杨家洼兵马俑的全国第三大兵马俑。危山汉陶俑坑

危山汉墓出土的西汉陶击鼓俑

危山汉墓兵马俑

作为汉代考古的重要发现，入选"2003年度全国十大考古新发现"。

"车马威仪——危山汉墓文物展"通过五部分展示危山汉墓出土的车、马、俑，并结合音视频等多媒体手段，将危山汉墓的考古发掘情况和汉代车马出行的盛大场面生动呈现在观众眼前。

百年雕版　讲述辑佚名家故事

马国翰是清代著名的辑佚家、文献学家、藏书家，原籍山东章丘三涧溪村，后仕宦陕西，著有《玉函山房藏书簿录》25卷，记录了他毕生的收藏，是一部极有价值的提要目录书。在丰富的藏书基础上，马国翰广泛搜集整理，博采众长，倾其毕生精力，著《玉函山房辑佚书》。全书分经、史、诸子三编，700多卷，共辑佚594种书。这是一部文献学的浩繁巨著，也是历来辑佚书中最完备的，为搜集和保存中国古代文化典籍作出了巨大贡献。马国翰因此被学者推举为"清代辑佚第一家"。

1844年，马国翰在陕西陇州知州任上，准备将《玉函山房辑佚书》印刷行世。他一边继续修订补充书稿，一边请人开雕《玉函山房辑佚书》书版。1849年春，《玉函山房辑佚书》经、子二编的书版全部雕刻完毕。1853年，马国翰告病还乡，4年后病逝，享年64岁。

直到1870年，马国翰去世13年以后，济南泺（luò）源书院山长匡源请时任山东巡抚丁宝桢下令将雕版全部取出，经过进一步整理，编出书目后全部印刷成书。1874年，《玉函山房辑佚书》由济南皇华馆书局印刷出版，分订100部。问世不久即风行全国，有多家书馆翻印，海内好古之士争购不遑。从此，马国翰在辑佚界声名鹊起。

章丘区博物馆收藏的5966张《玉函山房辑佚书》双面木刻雕版，字

迹工整清晰、苍劲有力，一笔一画都透露出雕刻时的严谨专注。如今100多年过去了，这些雕版安静地陈列在博物馆展柜中，仿佛在无声诉说着马国翰倾其一生藏书辑佚的故事，同时向世人展示着当年雕刻工人一丝不苟、精益求精的工匠精神。

本文图片均由济南市章丘区博物馆提供

景德镇中国陶瓷博物馆

景德镇中国陶瓷博物馆

瓷都赏瓷　玲珑万致

杨颜菲／文

　　江西景德镇，古称昌南，素有"瓷都"之美誉。碧绿的昌江穿城而过，三面青山一面水，一城瓷器半城窑。昌江区紫晶路上，依山而建的景德镇中国陶瓷博物馆大气恢宏。

景德镇中国陶瓷博物馆外观

景德镇中国陶瓷博物馆前身为1954年开馆的景德镇陶瓷馆，是新中国第一家陶瓷专题博物馆。2015年10月，改造完成的景德镇中国陶瓷博物馆正式对外开放。新馆总占地面积近5.9万平方米，总建筑面积3.2万平方米。馆内收藏新石器时代陶器和汉唐以来各个时期的陶瓷佳作共5万余件，其中国家珍贵文物1641件（套），涵盖了景德镇陶瓷史上各时期的代表品种。

清代釉里红云龙蝙蝠纹扁肚瓶

清康熙五彩万寿无疆仕女图盘

千年窑火传承

景德镇中国陶瓷博物馆主体建筑共7层，其建筑设计蕴含不少陶瓷元素：玻璃幕墙的花纹宛如瓷器表面的"冰裂纹"，一层大厅形似窑炉的炉膛，各层之间由长长的通廊连接，其造型仿照古代烧瓷用的龙窑。

博物馆基本陈列"瓷业高峰是此都——景德镇瓷器、瓷业与城市发展史陈列"分为5个单元："水土宜陶、天赐景德""技术创新、体系完备""千年窑火、举世闻名""名家辈出、传承跨越""国瓷时代、铸魂塑形"。又软又黏的泥土，如何成为光滑如玉的瓷器？景德镇何以成为闻名世界的瓷都？瓷都有哪些独特的风俗文化？这些问题都能在展览中找到答案。

景德镇从汉代开始生产陶瓷，有着2000多年的冶陶史、1000多年的官窑史、600多年的御窑史。陶瓷生产在这里兴盛不衰，最重要的原因之一是其矿产资源得天独厚。展厅里陈列着几种不同的瓷土原料，其中，高岭土堪称瓷都"秘宝"。高岭土洁白细腻，非常松软，具有良好的可塑性和耐火性等，是制瓷的绝佳原料，因其产地在景德镇高岭而得名。除此之外，景德镇水系发达，交通便利，便于将制成的瓷器运输到全国各地。

陶瓷是泥与火的艺术。明代《天工开物》记载了烦琐的瓷器制作工艺："共计一坯工力，过手七十二，方克成器。其中微细节目，尚不能尽也。"一件瓷器诞生，所需工序达72道以上。在所有工序中，入窑烧造至关重要。博物馆里展示了不同时期的窑炉，从土坑筑烧到龙窑、馒头窑、葫芦窑、蛋形窑再到煤窑、气窑等，不同形状的窑炉有不同的特点：始见于商代的龙窑，体积大，装烧量多，但由于窑身长，窑室温度与气氛不易控制；首创于元代的葫芦窑，由龙窑演变而来，中部内折，分前后两个窑室，较龙窑更易控制温度和气氛，窑形的变化体现了制瓷技术的创新与发展。

在长期的瓷业生产进程中，景德镇逐渐形成了极具地方特色的瓷业习俗。祭窑神就是景德镇传承数百年的民间祭祀习俗，窑神的故事要从馆藏明代正统年间青花大龙缸说起。

明正统青花大龙缸

大龙缸是皇帝御用之器，主要有储水防火等作用。因其体形巨大，烧制极为困难，耗时长，成功率低。据记载，明万历年间，景德镇奉命烧制大龙缸，久烧不成。一个叫童宾的窑工心急之下投身窑火，以身殉窑，终于烧成了大龙缸。风与火是烧造瓷器的关键，窑工们为纪念童宾，尊称其为"风火仙师"，即窑神，每年都会举行祭祀窑神的活动。

历代名瓷荟萃

"雨过天青翠欲流，不须大邑向人求。出新柴汝官哥后，玉色郎窑仿定州。"清代诗人吴铭道的《景德镇》将景德镇瓷器与历史上的名窑瓷器相比，盛赞其佳绝天下。在景德镇中国陶瓷博物馆，观众可以饱览从古至今的名瓷佳作。

景德镇湘湖镇汪澈墓出土的宋代青白釉刻花堆塑龙虎盖瓶引人注目。

青白釉的釉色介于青白二者之间，是景德镇工匠在北宋年间创烧而成。此瓶分盖、罐两部分，罐直口、丰肩、圆腹、圈足。盖顶呈斗笠状，中部为莲瓣托起的4个支柱，下方盖呈圆饼状，造型精巧绝伦。胎质坚硬，胎色偏白。口、颈部及内壁施青白釉，釉色清润透亮，余地为素胎。肩部堆塑青龙、白虎、朱雀、玄武四方神兽，盖面、颈部及腹部刻各式花卉纹，刀工犀利流畅，刻画生动自然。这一作品结合多种装饰手法，工艺精湛，具有极高的艺术价值。

宋代青白釉刻花堆塑龙虎盖瓶

元青花缠枝牡丹纹梅瓶堪称"镇馆之宝"之一。其胎骨细腻坚致，釉色明净莹澈，白中微闪青色，造型端庄，纹饰华丽。元青花如今存世极少，像这样精美、完整的作品尤为珍贵。此瓶使用波斯苏麻离青绘制，烧成后，形成较明显的铁锈斑，其纹饰之美在于不同文化的交汇融合。纹饰从上到下分为五层：第一层是杂宝纹，来源于佛教密宗法器；第二层为缠枝莲纹，又名"万寿藤"，寓意吉庆；第三层为缠枝牡丹纹，象征繁荣昌盛、美好幸福；第四层为卷草纹；第五层是仰莲瓣纹。多层次的装饰手法、蓝白色调的灵活运用，表现出与前朝迥然不同的风格，在构图上具有鲜明的时代特征。

这件元青花梅瓶器形比宋代梅瓶更加硕大，烧制方法为"二元配方法"，在瓷石中加入高岭土，提高了烧成温度，降低了器物变形的风险。这种方法的发明，开创了中国制瓷史上烧制大件瓷器的新篇章。元青花瓷器的造型、使用功能与蒙古族和西亚诸民族的生活方式有密切联系，在中外文化交流史上占有重要地位。

　　清康熙天蓝釉云耳梅瓶颜色淡雅素净，造型简约流畅，吸引了许多观众驻足欣赏。梅瓶颈间起弦纹一道，丰肩，肩下两侧凸起如意云状装饰，肩下腹渐收。通体施天蓝釉，釉质莹润，釉色素雅。天蓝釉是康熙时期创烧的一种高温色釉，属于蓝釉范畴，由天青演变而来，其钴含量稍低，所以釉色浅淡，呈天空之色，故名天蓝釉。这件梅瓶是景德镇御窑厂烧制的宫廷用瓷，传世甚少，也是康熙年间天蓝釉瓷器的代表作。

元青花缠枝牡丹纹梅瓶

清康熙天蓝釉云耳梅瓶

古代瓷器装饰讲究"画必有意，意必吉祥"。清乾隆青花蝙蝠葫芦纹葫芦瓶，取葫芦之造型，主体纹饰为葫芦纹与蝙蝠纹，因葫芦与"福禄"谐音，且器形像"吉"字，故又名"大吉瓶"，寓意大吉大利。清光绪五彩堆雕莲纹竹节帽筒，外形像竹子，寓意节节高升；筒身绘有三支戟和莲花，寓意连升三级；底部绘有祥云，象征平步青云。

续写瓷都辉煌

"珠山八友"曾是有着重要影响的一个陶瓷画家群体，原为1928年由王琦倡导组织的艺术社团。他们农历每月十五在一起聚会，称为"月圆会"，每人都交出新作，互相观摩评论，探讨陶瓷绘画心得，从而使景德镇陶瓷艺术有了新发展。虽然名为"八友"，但实际上先后有10位画家参加过"月圆会"。"珠山八友"在继承中国画传统的基础上，借鉴吸收西洋绘画技巧，用于改良传统粉彩，把粉彩创作推向新的高峰。馆藏的粉

清乾隆青花蝙蝠葫芦纹葫芦瓶

珠山八友之一程意亭绘粉彩寿带梅花瓷板

彩钟馗除邪降福图瓷板为王琦所绘，生动明丽。王琦捏过人物塑像、画过瓷像，吸收了西洋画阴阳彩瓷技法，形成了用西洋画明暗技法画人物头像、以写意笔法画衣纹的画风。

新中国成立后，景德镇在原有小作坊的基础上组建成立10余家陶瓷生产企业，逐步形成完备的陶瓷工业体系，能够烧制各种日用瓷、陈设瓷以及纪念瓷，续写了千年制瓷业辉煌。其中较为知名的有建国、人民、宇宙、艺术、光明、红星、红旗、为民等大型国营瓷厂，人们习惯称之为"十大瓷厂"。"十大瓷厂"生产的瓷器，设计独特、制作精良。展厅里可以看到人民瓷厂的青花瓷、光明瓷厂的玲珑瓷、建国瓷厂的颜色釉瓷、艺术瓷厂的粉彩瓷等，它们被称为"景德镇四大传统名瓷"。

涩胎瓷龙舟瓷雕创作于1959年，是为庆祝中华人民共和国成立10周年而制作的献礼瓷。船体呈龙形，甲板上有3层宫殿，十分气派，船上装饰的铃铛、灯笼、锁链等全都可以活动。作品中雕有150多个人物，形态各异，载歌载舞，栩栩如生。

时至今日，景德镇陶瓷产业已发展出艺术陶瓷、日用陶瓷、工业

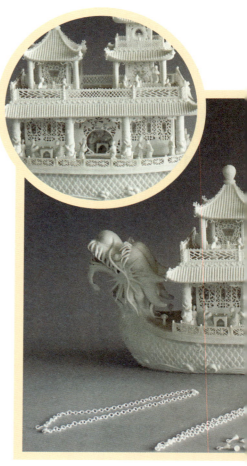

1959 年涩胎瓷龙舟瓷雕

用瓷、高技术陶瓷等多种类型，既有大型瓷厂，又有个人艺术工作室；既有本地传承的手工艺人，又有来自海外的"洋景漂"。2019年，景德镇国家陶瓷文化传承创新试验区获批。2021年，景德镇陶瓷总产值达516.2亿元，其中，文化创意陶瓷产值为112.6亿元。

博物馆中展示了以精制的高纯度人工合成的无机化合物为原料，采用精密控制设备烧制而成的新一代高技术陶瓷，包括结构陶瓷、功能陶瓷、蜂窝陶瓷等，它们具有远胜传统陶瓷的性能，被广泛应用于电子、机械、航空航天等领域。

新技术也为博物馆文化传播带来更多机遇。2022年初，景德镇中国陶瓷博物馆对馆藏珍贵文物进行数字化采集，建立藏品信息管理数据库。博物馆一层大厅设有大型智能触摸屏和12块电子显示屏，详细展示了300件馆藏珍贵文物信息。屏幕上的文物可以进行360度旋转，观众不仅能从不同角度欣赏，而且就像把文物放在手上把玩一般。博物馆还将多个临时展览制作成AR线上展览，让更多人可以不受时空限制观展。

本文图片均由
景德镇中国陶瓷博物馆提供

八大山人纪念馆

八大山人纪念馆

笔墨横姿　古建生辉

杨颜菲 / 文

　　江西南昌，文脉悠长，青云谱区的名字尤为特别。区内三湖三河交错环绕，梅湖中一座小岛上，藏着"青云谱"这个名字的由来，也藏着一座独具特色的国家一级博物馆——八大山人纪念馆。这是众多国家一级博物馆中唯一一座古代画家专题馆。

　　八大山人纪念馆成立于1959年，馆内收藏40余幅八大山人的真迹，还藏有黄慎、郑板桥、吴昌硕、齐白石等画家的作品。

道院凝古色

　　进入八大山人梅湖景区，踏过一座长满青苔的清代石板桥，登上小岛。

小岛形似八大山人笔下的游鱼，与梅湖浑然一体，水陆相生，宛若太极。八大山人纪念馆坐落在岛上，由青云谱道院旧址、真迹馆和艺术研究中心三大建筑组成。

走进纪念馆正门，一尊八大山人的铜像映入眼帘：面容清癯，神情冷逸，双手环抱于胸前，斜挎斗笠。这是雕塑家唐大禧1986年为纪念八大山人诞辰360周年创作的。

八大山人铜像

朱耷，号八大山人、个山等，1626年生于南昌，是明太祖朱元璋第十七子朱权的九世孙，自幼性情孤介，颖异绝伦。史料记载，朱耷"八岁即能诗，十一岁能画青绿山水""少时能悬腕写米家小楷"。明亡后，为避战乱，朱耷剃发为僧，后改信道教，居于青云谱道院。朱耷年近六旬时还俗，正式使用"八大山人"名号进行创作，艺术日臻完美，佳作频出。约1705年，八大山人离开人世。

青云谱道院旧址主要展示了八大山人生平有关资料。此地原为道教"净明派"道场，清代翻建为"青云圃"道院，清嘉庆年间改名"青云谱"。现

存的青云谱是一座依据道家规范建设、具有江西民居特色和明清制式特点的古建筑群，占地面积约1.14万平方米，建筑面积约2500平方米，2006年被国务院列入全国重点文物保护单位。

青云谱主体建筑包括关帝殿、吕祖殿、许祖殿，三殿前后有天井内庭，周围有回廊环绕，左右设偏殿厢房，形成前后四合院布局。建筑均为穿斗式和抬梁式混合木结构，门窗饰以雕花格扇。整座古建筑群由清水墙与园林隔开，只留"众妙之门"和"斗姥阁"大门内外交通。其中，吕祖殿东面的黍居小院曾是八大山人休憩之所。

青云谱的造景手法简练自然，修塘置亭，顺势而为，堪称道家园林的典范之作。园内有数百年的古樟树、苦槠树、罗汉松，春有桃花夏有荷，秋有桂花冬有梅，一年四季呈现出不同的景致。在满园古树中，一棵约500年历史的罗汉松苍郁遒劲，引人注目。按照年代推算，八大山人应该见过这棵树。

斯人艺独绝

八大山人纪念馆的馆藏以书画作品为主，共有6件国家一级文物，其中4件为八大山人的作品，另外2件是八大山人的好友牛石慧和黄安平的作品。

在序厅中，可以看到黄安平为八大山人所绘的肖像《个山小像》。这幅画像形神兼备，体现了中国线描肖像画的较高水平，为后人认识八大

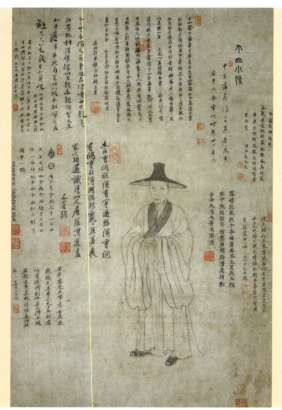

黄安平绘《个山小像》

山人的形体面貌提供了直观依据。画中有9段题跋，其中6段是八大山人自题，分别用真、草、隶、篆四体书写，全面反映了八大山人中年时期的书法艺术成就，十分珍贵。历史上关于八大山人的文字记载非常少，《个山小像》中的题跋讲述了八大山人的身世、经历和信仰，对于研究八大山人具有重要价值。

其中一段八大山人自己写的题跋，点明了《个山小像》的创作背景：甲寅年端午节后两天，八大山人遇到老朋友黄安平，好友为其绘制了这幅肖像，当时八大山人虚岁49岁（48周岁）。结合历史推算，作画的具体时间应为1674年，根据八大山人当时的年龄，可以推算出他的出生年份。

真迹馆中展示了八大山人的作品。八大山人的艺术创作践行了"意境审美""外师造化，中得心源""书画同源"等中国书画的根本规律与方法，体现了儒、释、道思想精髓，笔墨运用极为精妙。他的画作别具一格，往往以经意之笔得不似之趣，正如齐白石所说"画在似与不似之间"。就算是对美术知识无甚了解的人，也很容易通过绘画风格辨认出八大山人的作品。

他所画的动物，无论是天上的飞鸟、地上的小鹿还是水里的游鱼，都只有寥寥数笔，它们或拉长身子，或紧缩一团，形象别致。最为传神的是这些动物的眼睛，椭圆形的眼眶中有小小的眼珠，有时斜睨，有时警觉，有时又像翻着白眼瞪人。

《双鹰图轴》是八大山人晚年画鹰的代表作。八大山人擅长画鹰，取法于明代画家林良，而在用笔之简洁、用墨之洒脱上，更是"青出于蓝而胜于蓝"。画面上两只苍鹰相互顾盼，枯木顽石间于其中，造型简练，笔墨圆浑，在高低俯仰之中，英武之姿跃然纸上。

纪念馆中令人印象最深的画作之一是《墨荷图轴》。这幅图轴为纸本

八大山人绘《双鹰图轴》

八大山人绘《墨荷图轴》

墨笔，纵178厘米、横92厘米。不同于寻常画荷花的方式，八大山人采取从荷花根部向上仰望的视角，绘出长长的茎、高大的叶和花。荷花尤显清高超拔，与之相比，画画的人和看画的人似乎都显得渺小。画面大量留白，言有尽而意无穷。

佳作传后世

八大山人长于水墨写意，在中国美术史上有着非常重要的地位，历代大师如吴昌硕、齐白石、张大千、潘天寿、李苦禅等，都对他推崇备至，心追手摹。

馆藏一幅《孤松图轴》，画中孤松绵里裹铁、挺拔苍劲，充分体现了八大山人简约深邃的艺术风格。画面左下角有近代国画大师吴昌硕的题跋，言辞间洋溢着对八大山人的欣赏："八大山人画，世多赝本，不堪入目。此帧高古超逸，无溢笔，无剩笔，方是庐山真面。尝从迟鸿轩借读，因题其后。乙未仲秋佳日　吴俊卿"。

齐白石有诗云："青藤雪

八大山人绘《孤松图轴》

个远凡胎，老缶衰年别有才。我欲九原为走狗，三家门下转轮来。"表达了对青藤（徐渭）、雪个（八大山人）、老缶（吴昌硕）的仰慕。齐白石曾赴南昌游历，追寻八大山人足迹，临摹八大山人原作。直到晚年，齐白石的画作还延续八大山人绘画母题，常用题材还是荷、芭蕉、鱼、鹰等，造型、构图都可找到八大山人的痕迹。

纪念馆中藏有三幅齐白石画作，其中两幅的题跋提到了八大山人，《寒鸟图》上写有"予曾游南昌见雪个画寒鸟"，《葡萄图》上写有"予（余）见八大山人题蒲（葡）萄句，云：老馋。亲口教枇杷，予（余）不得解"。

近年来，八大山人纪念馆陆续推出"'翰墨传薪　齐聚八大'四馆馆藏书画精品合作交流展""'浑无斧凿痕——对话齐白石'北京画院典藏作品展""回望传承——八大山人纪念馆建馆60周年故宫典藏特展""天才纵横——中央美术学院美术馆馆藏任伯年作品专题展（南昌站）"等一批精品展览，同时举办学术研讨会，将学术研究成果整理成册、出版发行。

此外，八大山人纪念馆还创新传播手段，开设短视频账号，开发文创产品，让优秀传统文化走进千万家。

本文图片均由八大山人纪念馆提供

中国茶叶博物馆

品赏茶文化盛宴

方彭依梦 / 文

"茶为国饮，杭为茶都。"背倚吉庆山，面对五老峰，东毗新西湖，四周茶园簇拥。举目四望，粉墙、黛瓦、绿树与连绵青翠的茶园相映成趣——这便是中国茶叶博物馆双峰馆区。

中国茶叶博物馆双峰馆区

中国茶叶博物馆位于浙江杭州，包括双峰馆区和龙井馆区两部分，建筑面积共约1.3万平方米，展厅面积4875平方米。两馆区由一条古韵浓厚的"乾隆御道"和秀丽的"龙井八景"相连，引领观众踏上一场独特的茶文化之旅。

茶史源远流长

中国茶叶博物馆1991年建成开放，现有5000余件藏品，涵盖茶具、茶书、茶叶加工工具、茶样、茶画、茶碑帖等。作为国内唯一以茶和茶文化为主题的国家一级博物馆，中国茶叶博物馆除了做好茶文物的收藏、研究、展示外，还注重茶知识、茶文化的保存与传承，着力打造独具特色的展览品牌。

走进双峰馆区，几组错落有致的建筑映入眼帘，花廊、曲径、假山、池沼、水榭等透迤勾连，尽显江南园林的韵味。

中国茶叶博物馆双峰馆区水景与茶座

这是一个"馆在茶间、茶在馆内"的无围墙博物馆，由茶史、茶萃、茶事、茶具、茶俗5个展示空间组成，从不同角度诠释茶文化。其常设展览为"中华茶文化展"，2003年荣获第五届"全国十大陈列展览精品奖"。

茶史厅通过丰富的文物、图文资料和复原场景，介绍了茶的起源和发展历程，展示了历代茶文化的精华。茶起源于中国，魏晋南北朝时期是中国茶文化的形成时期，但此时的饮茶主体多为上层贵族、士人。茶叶真正进入人们的日常生活是在唐代，这一时期，茶始征税，茶始定名，茶始成书。"自从陆羽生人间，人间相学事春茶。"陆羽《茶经》的问世，把茶文化推向了一个空前的高度。

两宋时期，斗茶蔚然成风，从帝王将相、文人雅士到市井百姓，无不对此兴致盎然。展厅内的蜡像再现了宋代民间斗茶场景——一个妇人在炉前摇着蒲扇烧水煮茶，4名男子手持茶盏，手掌略微倾斜，展示茶面汤花的色泽与均匀程度，以此判定高下。

斗茶是一种兼具趣味性与技术性的活动。到了以冲泡散茶为主流的明代，斗茶基本绝迹。

明清时期，随着欧洲饮茶之风的盛行，茶叶成为远洋贸易的重要货物。展柜里，一份有着近300年历史的茶样，诉说着中国茶叶漂洋过海的故事。这是从载有近370吨茶叶的瑞典哥德堡号沉船中打捞上来的，中国茶叶博物馆保存了两份样品。

哥德堡号是大航海时代

瑞典哥德堡Ⅰ号沉船上的清代茶叶样本　方彭依梦摄

瑞典东印度公司的远洋商船，曾三次远航至中国广州。1745年1月，哥德堡 I 号从广州启程回国，船上载有约700吨中国商品。经过8个月的航行，在离哥德堡港约900米的海面，哥德堡 I 号突然触礁沉没。1984年，瑞典人发现了沉睡海底的哥德堡 I 号，并于1986年进行水下考古，打捞出大量茶叶和饮茶用的精美瓷器。

茶俗丰富多彩

你见过360公斤的紧压茶吗？漫步茶萃厅，一块巨大的云南普洱茶砖吸引了观众的目光。茶砖长宽均为186厘米，厚12厘米，采用2000余公斤的野生普洱茶鲜叶加工制成。在这个展厅，可以看到100多种中国名茶和国外茶叶的茶样实物，涵盖六大基本茶类——绿茶、红茶、黄茶、白茶、青茶（乌龙茶）和黑茶，此外，还有花茶、紧压茶等再加工茶。据介绍，中国茶叶博物馆设有茶样库，收藏古代茶样10余种、现代茶叶1500多种，年代最早的是明万历三十八年（1610年）茶叶。

东汉原始瓷灶
方彭依梦摄

东晋越窑
青瓷点彩魁
方彭依梦摄

唐代长沙窑褐彩云气纹执壶
方彭依梦摄

"开门七件事，柴米油盐酱醋茶。"这句俗语道出了茶与中国人生活的紧密关系。茶事厅介绍了茶的种植、采制、保存、品鉴、应用等相关知识以及由茶衍生出来的各类文艺活动。

在"茶之制"单元，不少参观者在一个玻璃展柜前俯身细看。柜中展示了槽式鲜叶处理装置、揉切机、解块分筛机、发酵室、滚筒杀青机、揉捻机、滚筒炒干机等一系列等比例缩小的机器模型，组成了红茶、绿茶的"迷你版"加工生产线。"原来我们喝的茶叶是这样生产出来的！"带着孩子参观的袁女士兴奋地说，"孩子看展览觉得很有趣，我自己也长了不少知识。"

魏晋时期的陶盆、宋代的黑釉盏、明末的紫砂茶壶、清代的粉彩盖碗、近代象牙雕刻的茶匙……"器为茶之父"，茶具厅里陈列着几百件与茶有关的器具，让人大开眼界。一个时代的茶具往往是当时饮茶方式的直观体现。唐宋时期，饮茶需要将茶饼碾成末，故而成套的唐宋茶具里除了碗、盏等，还有碾茶器。在"唐煮宋点"饮茶方式的影响下，唐代的茶具组合里常常会有煮茶所需的风炉、釜等。

宋代龙泉窑青釉刻花执壶

明代青花兰花纹敞口碗
方彭依梦摄

清代粉彩"鹊桥相会"盖碗

一套雅致的唐代白釉煮茶器引人注目。这套茶具出土于河南洛阳，是随葬明器，由茶碾、茶炉、茶釜、茶盏托组合而成，反映了唐代主流的饮茶方式——煮茶法。

唐代白釉煮茶器　方彭依梦摄

茶具厅的独立展柜中有一把精美的清代铜胎画珐琅提梁壶。此壶以黄铜做内胎，再施以画珐琅工艺，纹饰富有层次，用色淡雅，壶腹开光内绘有秀美的花蝶纹。从整体风格来看，这件茶壶应是当时的外销产品。

茶俗厅以场景还原的方式，展现了不同地域不同民族与茶有关的风俗习惯。藏族人在帐篷里喝着热腾腾的酥油茶；云南傣家竹楼里的傣族人把茶叶放进土罐，在火上烤香后冲入开水饮用；四川人坐在竹椅上喝盖碗茶，摆龙门阵……

茶香远飘海外

中国茶走向世界，给世界人民的生活带来了巨大改变。全世界有60多个国家和地区产茶，茶成为流行最广的饮料之一，衍生了丰富的饮用习惯和仪式习俗。

为什么法国人把茶读作Thé，日本人把茶读作ちゃ？俄罗斯人怎样饮茶？英国人的下午茶有什么讲究？中国茶叶博物馆龙井馆区常设展览

"世界茶　茶世界展"，以跨文化视角，讲述了茶文化在世界范围的传播路径和发展历程。

龙井馆区是具有山地园林景观特色的茶主题互动体验博物馆，坐落在翁家山茶山东麓，森林覆盖率高达70%。茶山中有大量喀斯特地貌组织形成的自然石林和岩洞，游人可以一边爬山赏景，一边参观展览。登高过程中有"茶有真香亭""问茶亭""真逸亭""迟桂亭"等休憩处，还会经过鸿渐阁、茶文化体验大师工作室等体验空间。登上龙井馆区最高处，可以看到一座观景平台，名曰"茶坛"。置身此处，远眺四周茶山，俯瞰西湖美景，令人心旷神怡。

2022年11月，"中国传统制茶技艺及其相关习俗"被列入联合国教科文组织人类非物质文化遗产代表作名录。中国茶叶博物馆龙井馆区推出"茶和天下　芳传古今——中国传统制茶技艺及其习俗非物质文化遗产展"，全面展示该遗产项目的深刻内涵，并设立民俗体验街区、非遗技艺体验区，让观众近距离体验非遗。

为了让茶文化更好地走进当代人的生活，中国茶叶博物馆打造了"中国茶人之家大赛""宋代茶生活体验""茶为国饮　杭为茶都——走进中茶博"等品牌特色活动，研创了"一笺杭梦龙井香""西湖龙井大碗泡法"等茶艺表演项目，还开设了适合不同人群的茶文化培训课程，涉及茶的知识科普、采摘制作、冲泡品饮等。

除了线下的体验活动，线上的数字展厅也让更多人能够通过远程互动的形式感受茶文化。中国茶叶博物馆在微信公众号、微博、抖音等平台推出"节气茶生活"栏目，普及茶知识、推广茶文化，备受好评。

除特别注明外，本文图片均由中国茶叶博物馆提供

宁波中国港口博物馆

向世界讲好中国港口故事

方彭依梦 / 文

在浙江省宁波市北仑区梅山湾新城，两座造型独特的建筑连成一体，远远望去，像两只伏在海滩上的大海螺。这便是宁波中国港口博物馆。

"海丝名城"宁波，自古以"港通天下"闻名于世，拥有丰富的水下文化遗产和历史文物。宁波中国港口博物馆历时3年建成，于2014年10月开馆，是中国规模最大、等级最高的港口专题博物馆，馆藏文物1.5万余件，其中国家三级以上文物1000余件。2022年3月，宁波中国港口博物馆被中国科学技术协会命名为全国科普教育基地；同年8月，被交通运输部、科学技术部命名为国家交通运输科普基地。

宁波中国港口博物馆外观

回溯港口千年变迁

世界第一台岸边集装箱起重机

在宁波中国港口博物馆外侧，一台宛若蓝色巨人的机械装置吸引了不少人驻足。这是世界第一台岸边集装箱起重机，重约500吨，高40米，轨距宽10.5米，装卸臂展开长约54米，由美国佩斯高公司于1958年生产。这台设备是人类运输史和中国港口体制改革的重要实物见证，具有极高的历史价值和科学价值。

宁波中国港口博物馆由中国港口历史馆、现代港口知识馆、港口科学探索馆、

"数字海洋"体验馆、北仑史迹陈列馆、"水下考古在中国"六部分组成，总建筑面积4万余平方米，展厅面积1万余平方米。中国港口历史馆设有"港通天下"基本陈列，按照远古、古代、近代和现当代4个历史阶段，展现中国港口的发展变化。

走进展厅，一处原始港点复原场景中，陈列着一件独木舟模型。这是河姆渡文化迄今发现的唯一木质独木舟模型。

新石器时代，先民们临水而居，开展捕鱼等生产活动，航行工具停泊的地点——原始港点应运而生。由于此时的航行工具主要承担交通而非运输的功能，因此其停靠点被称为原始港点而非港口。

商周以来，战争频繁，水运因其便利快捷，成为军事运输的首选，这一时期众多出土文物上都有与水战或航运相关的纹饰。广西北部湾地区出土的战国船纹青铜缶是馆内的明星文物。这是一件青铜礼器，带盖，鼓腹，圈足，器形硕大，肩部饰有两兽面铺首衔环。器身纹饰繁复，最具价值的是腹部中间的4组羽人竞渡纹。4组纹饰中均有一艘体形修长的

战国船纹青铜缶

船，每艘船上至少有5名头戴羽毛的羽人，反映了古越人的鸟神崇拜。这些羽人有的手拿短兵器，有的手拿旌旗，有的反手抓俘虏的头发，每个人都显得精神亢奋。专家认为，这可能表现了一场海战后凯旋的场景，或是战争胜利后祭祀神灵的场景。

从这件青铜缶的纹饰图像，还能看出越人出色的造船能力。纹饰中的船两头上翘，由纵向和横向构件组合而成，横线可能代表肋骨或舱壁，或二者兼而有之。史书记载水密舱出现在东晋左右，这件战国铜器上雕刻的船纹看似具有舱壁结构，为研究水密舱的使用时间提供了珍贵的实物资料。

战国时期，位于姚江之滨的句章（今宁波市江北区慈城镇）是中国东部重要的内河港和古越国的通海门户，在这里建起了宁波最早的城邑。

宋元时期，造船、航运和定泊技术均显著提升，海港河港全面兴盛。宁波明州港与广州港、泉州港并称三大对外航海贸易港。宁波出土的北宋越窑青釉荷花纹瓷粉盒等文物，见证了航海贸易的繁华。

明清时期，中国港口星罗棋布，内河港口数量众多，以市镇经济为依托的完善的古代港口已经形成。展厅里，一座明代郑和木雕像引人注目。郑和头戴官帽，身着官服，中系腰带，脚蹬朝靴，仿佛站在船头，衣襟随海风飘动，栩栩如生。据介绍，目前国内博物馆收藏的郑和像以坐姿居多，这样年轻力壮的郑和立

像非常少见。

在"近代港口"部分，观众可以通过丰富的史料了解这一时期东西方文明在港口地区产生的激烈碰撞与交融。

新中国成立后，中国港口发展掀开了繁荣的新篇章。改革开放以来，一批沿江、沿海港口得到跨越式发展。积极发展港口主枢纽、建设专业化深水泊位是这一时期港口建设的主要特点。如今，港口不仅是运输通道，还是国家重要的战略资源，在经济和社会发展中扮演着越来越重要的角色。

从句章到三江口，再到如今吞吐量世界第一的沿海港，宁波港的演变历程可谓浓缩版的中国港口发展史，这也正是中国港口博物馆选址在宁波的背景和意义。

展现水下考古成果

在宁波中国港口博物馆，有一个独具特色的专题陈列"水下考古在中国"，集中展示了中国水下考古20多年来的发展历程和主要成果。

展厅中央，几名戴着潜水镜、背着氧气瓶的"水下考古队员"正在"大海"深处打捞文物，带领观众开启一段奇妙的水下考古之旅。

展厅右侧展柜内陈列着自携式呼吸器、旁侧声呐

北宋越窑青釉荷花纹瓷粉盒

明代郑和木雕像

系统、水下摄像机、水下喇叭、浮力起吊设备、水下绘图工具等水下考古装备。这一展区还有互动设备"寻找宝船"，观众戴上VR头盔，操控摇杆，就可以体验水下考古的真实感受。

来到展厅左侧，一面玻璃背后是沉船科技保护修复区，这里陈列着宁波和义路出土的南宋古船遗存。2003年，在宁波和义路滨江建设工程抢救性考古发掘中，发现了一艘南宋时期的尖底海船。经过长达3年的保护修复，这艘古船重现原貌。专家研究认为，此船是航行于内港和近海的小型交通运输船，它的发现有力佐证了宁波是中国古代对外交通贸易和造船业的中心之一。

沉船科技保护修复区里，还有正在进行保护修复的"小白礁I号"清代沉船船体构件。2008年，在宁波渔山列岛海域发现了"小白礁I号"沉

"小白礁I号"沉船木构件

"小白礁 I 号" 部分出水文物

船遗址，2012年和2014年分别进行了船载文物与船体发掘。沉船出水文物1000余件，以嘉庆、道光年间青花瓷器为多，还有石材、印章、锡器、紫砂壶、西班牙银币和中国、日本、越南的铜钱等，从中可以了解当时海上商贸的情况。展厅里陈列着沉船出水的清代青花菊瓣纹"福"款盘、

清代青花菊瓣纹"福"款盘

清代五彩罐

清代五彩罐等文物，并展示了"小白礁Ⅰ号"复原模型。研究发现，船体所用木材主要产自东南亚地区，造船工艺体现了中西合璧的特征。

据介绍，沉船保护修复是一项投入巨大、工艺复杂、科技含量很高且耗时很长的工作，主要程序包括脱盐保护、脱水处理、填充加固、干燥定型、复原研究、安装复原等。沉船科技保护修复区的设置让观众能够直观地了解古船保护修复的过程。

打造"参与式"博物馆

如何拉近博物馆与观众的距离？一直以来，宁波中国港口博物馆把建设"参与式"博物馆作为办馆理念。

在现代港口知识馆，观众可以通过散货装船和卸船码头全景式模型沙盘了解港口货运知识，可以登上"泰坦尼克号"观看客运码头作业短片，还可以在互动游戏中体验拖轮协助大船靠、离码头作业的过程。

港口科学探索馆更是以互动体验为亮点。在"穿越时空"展区，观众可以回望过去的"海上茶路"，感受现代的智能化港口，展望未来的无水港；在穿越自我展区，可以体验港口相关的各种职业角色；在穿越快乐展区，小朋友们亲自动手控制仪器，体会海浪发电与直升机降落海上平台的乐趣。

近年来，围绕"港口"这一特色IP，宁波中国港口博物馆打造了"港博讲坛""我与港博同成长""万物启蒙研学营""流动博物馆""探古寻幽"五大科普品牌矩阵。"港博讲坛"立足地域文化和"海丝"文化，为公众提供了了解历史文化的平台；"我与港博同成长"系列活动让青少年在动手实践中增长知识；"万物启蒙研学营"为中小学生定制有趣的研学课

卸船码头全景式模型沙盘

程;"流动博物馆""探古寻幽"等活动将博物馆文化送进校园。

　　宁波中国港口博物馆还开展跨界合作,推出"港口与民谣""港口与诗歌""港口与影像""港口与雕塑"等文化艺术活动。同时,积极利用互联网平台传播文化,虚拟观展、线上讲座、线上导览等深受观众喜爱。

　　　　　　　　　　　　　　　本文图片均由宁波中国港口博物馆提供

具慶下
聖旨

鄉試第八名　會試第五十名　授吏部主事

貫浙江處州府麗水縣儒籍

吳公達

治詩經字致中年二十四二月初十日生

曾祖良之
祖繼祖且
父世德進士　元鄉貢
母劉氏
娶李氏

鄉試　會試第二百五十名　授戶部主事

天一閣博物院

第二甲二十七名

賜進士出身　授承事郎

天一阁博物院

名楼藏珍本　书香飘海外

方彭依梦／文

"书藏古今，港通天下"是浙江省宁波市的城市形象宣传语。其中"书藏古今"指的是以天一阁为代表的藏书文化，体现了宁波作为历史文化名城的书香传统。

天一阁是中国现存历史最悠久的私家藏书楼，也是世界上最古老的三大家族图书馆之一。它坐落在风光旖旎的月湖景区。北宋时期，王安石任鄞县县令，于月湖延聘"庆历五先生"，兴教重学，浙东学术自此萌芽。明嘉靖年间，由范钦主持建造的天一阁选址在月湖边，从此书香不绝。

天一阁博物院是以天一阁藏书楼为核心、以藏书文化为特色的专题博物馆，占地面积3万多平方米，由藏书文化区、园林休闲区、陈列展览区三大功能区组成。天一阁博物院登记藏品22万余件，特色收藏为古籍、书画、碑帖等，古籍共有16万余册，其中5493册入选《国家珍贵古籍名录》。

名楼渊源

来到天一阁博物院西大门，门厅上方悬挂"南国书城"匾额，这是国画大师潘天寿1962年所书。两旁的对联则是文献学家、上海图书馆原馆长顾廷龙的手笔。1981年，顾廷龙来天一阁访书，用钟鼎文写下了这副对联："天一遗型源长垂远，南雷深意藏久尤难。"上联说天一阁源远流长，下联包含明末清初思想家黄宗羲作为"外姓第一人"登上天一阁的典故。

天一阁博物院西大门

在天一阁建成后的很长一段时间内，范氏藏书为私家所有，秘不外宣。直到清康熙十二年（1673年），黄宗羲打破这一禁令，登阁、抄书并写下《天一阁藏书记》，文章开头即感慨道："尝叹读书难，藏书尤难，藏之久而不散，则难之难矣！"此后，天一阁声名日隆，受到广大读书人推崇。

迈入西大门，首先看到一尊手持书籍、正襟危坐的铜像，这便是天一阁的创建者——明代兵部右侍郎范钦。

范钦是浙江鄞县人，平生喜欢收集古代典籍。他既能接触到仅供官员阅读的各种书籍，又有机会到不同地区搜书，加之他本人藏书眼光独到，因此他的藏书不仅数量多，而且极具特色。现存的范钦藏书中，最引人注目的是大量明代方志、政书、科举录、实录、诗文集等。这些书在明代不怎么被人看重，因此流传不广，到了清代就存世稀少，到今天更是罕见。比如，流传至今的271种明代方志和大量乡试、会试科举录，一半以上都是海内孤本，对研究明代历史和中国文官制度具有无可替代的文献价值。

继续向前，来到东明草堂。东明是范钦的号，东明草堂则是范钦在天一阁建成之前藏书的地方，由于面积小，又跟住宅区相连，容易失火，范钦决定新建一座独立的藏书楼，也就是天一阁。天一阁建成后，草堂不再藏书，只当作书房和招待宾客的场所。

与东明草堂一墙之隔的范氏故居，原是范氏家族的生活区域。站在范氏老宅的东厅朝东望去，天一阁藏书楼映入眼帘。两座建筑之间有高墙围绕，还夹着一个甬道，将生活区与藏书区隔开。这是范钦为了防范火灾波及藏书楼而作出的精心安排。

故居东侧的3座雕塑引起了观众注意。正中的雕塑是晚年范钦，左侧是他的长子范大冲，右侧是他的二儿媳。雕塑展现了范家分家产的故事：范钦晚年准备分家产的时候，二儿子已去世，由二儿媳代表二房。范钦不希望自己辛苦搜集的藏书分散流失，便把家产分为两份，一份是万两白银，一份是所有藏书，并要求子孙后代也不能分书。长子范大冲选择了继承藏书，后来还完善了天一阁的管理制度，如"书不出阁""子孙无故入阁者罚不与祭三次"等。正是靠着精心的管理和严格的族规，天一阁藏书才得以一代代传下来。

从范氏故居向东，走过甬道，就来到了天一阁。天一阁又名宝书楼，因阁楼二层悬挂着明隆庆年间宁波郡守王原相所书"宝书楼"匾而得名。

这座二层小楼自明嘉靖末年建成后一直没有大的变动，只在清初、清末和民国时期有过3次大修。范钦藏在楼中的书籍曾多达7万余卷，后来逐渐散失，目前范氏原藏书仅存1.3万多卷。不过，相比明清以来其他著名藏书楼，天一阁藏书能有上万卷保存至今，已是非常难得。

为"四库"献书是天一阁历史上的高光时刻。为了纂修《四库全书》，乾隆帝下诏钦点江南藏书家献书，范钦八世孙范懋柱打破"书不出阁"的祖训，进呈638种藏书，后被《四库全书总目提要》采录473种，为当时藏书家中所献最多。为奖掖范家，乾隆钦赐《古今图书集成》一万卷，另赐铜版画《平定回部得胜图》《平定两金川战图》各一套。如今，这3套御赐珍宝存放在宝书楼内描有双龙戏珠图样的"龙橱"中。

在宝书楼参观时，不禁会产生这样的疑问：地处阴雨绵绵的江南，这座木结构建筑何以能水火不侵，让书籍一直保存完好？乾隆也曾对此好奇，命杭州织造寅著来天一阁调查。寅著调查后总结出几点：一是左右用砖砌墙，隔绝火源；二是书橱前后开门，两面贮书，通风透气；三是书橱下放置英石，吸收潮气；四是阁前凿池，储水防火。此外，天一阁的名字也大有寓意。传说建楼之时，在楼前挖水池，土中隐隐出现"天一"两字，范钦领悟了"天一生水"的意思，将藏书楼取名为"天一阁"，又将一楼辟为六间，二楼打通为一间，隐合"天一生水，地六成之"的说法，以达防火之效。

步入东园，便来到天一阁博物院的第二个参观区域——园林休闲区。这里曾是南宋宰相史弥远"观文府"的花园，在明代则是吏部尚书闻渊"天官第"的花园。如今呈现在游客眼前的这座园林是1959年重新修建的，直到1986年才完全建成。

东园四周环廊，西侧凿有大池塘，号"明池"，园名与池名结合起来就是天一阁创始人范钦的号"东明"。园东侧迁建、平移宁波各地文物，布置成多处雅致的景点。

穿过百鹅亭，来到收藏书法艺术作品的凝晖堂，这里陈列着唐代以来诸多《兰亭序》摹本，其中最著名的是明代摹勒上石的"神龙本"《兰亭序》。

明代"神龙本"《兰亭序》刻石

《兰亭序》真本随葬于唐太宗昭陵，后世所传版本众多，当今学者多认为"神龙本"最近真迹。"神龙本"是唐代书法家冯承素的摹本，因其前后有半个神龙印而得名。"神龙本"《兰亭序》分摹本与刻本两种形态，摹本指双勾填墨本与临写本，刻本则是刻在木、石上以供传拓之本。古书画碑帖专家、国内《兰亭序》书法研究"第一人"王连起指出，天一阁藏《兰亭序》是所有"神龙本"《兰亭序》的最早刻石，即所有"神龙本"兰亭刻本的"祖本"。不少书法爱好者慕名来到天一阁领略王羲之书法的风采。

古籍珍藏

位于天一阁博物院北侧的北书库，是1981年建成的现代化藏书楼。如今，北书库一楼与二楼用来存放普通古籍，三楼是古籍修复中心。

走进北书库，透过玻璃可以看到一排排整齐的书柜。这些书柜都是天一阁定制的，外层为榆木材质，里边的搁板是樟木。书柜一般是前后开门、两面贮书，古籍平放在搁板上，书籍之间放着白色袋装芸草。这种草具有强烈的香味，能够防蛀驱蠹，起到保护书籍的作用。"芸草辟蠹，英石防潮"是天一阁旧传藏书方法，至今依然沿用。

天一阁现藏古籍16万余册，其中善本有3万余册，分为经、史、子、集、丛。2010年，天一阁又建造了新书库，基本实现了恒温恒湿，更有利于书籍保存。

据介绍，古籍分为四级，一、二、三级是善本，四级为普通古籍。天一阁博物院所藏善本的来源主要有三：一是范氏原藏；二是宁波知名藏书家的捐赠，如朱鼎煦别宥斋、冯贞群伏跗室、孙家溎蜗寄庐、张季言樵斋、杨容林清防阁等；三是宁波文物管理委员会等单位的移交。天一阁藏书的品种和数量虽然比不上国家图书馆等一类图书馆，但其特色鲜明，价值非凡。

天一阁是收藏明代地方志和科举录最多的藏书楼。据《天一阁藏明代地方志考录》统计，范钦收集的明代地方志多达415种，比《明史·艺文志》著录的还要多。在天一阁现存的271种明代地方志中，164种为海内孤本。

中国历代科举考试文献以明代保存最全。明代共开89科，天一阁原藏有明洪武四年（1371年）会试录和进士登科录，还有极为罕见的建文二年（1400年）会试录和进士登科录。自宣德五年（1430年）至万历十三年（1585年）连续50余科的会试录和登科录都齐全，宣德五年以前的仅缺10种。

其中，最具代表性的要数《洪武四年进士登科录》。这是天一阁博物院的"镇馆之宝"，记载了明代第一次科举考试——洪武四年开科取士的盛况。明代以前的科举文献几乎无存，天一阁所藏的这部是现存最早的登科录实物。

天一阁博物院收藏的明代作家诗文集以及

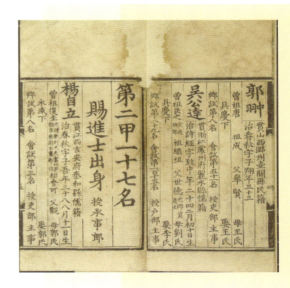

明代《洪武四年进士登科录》

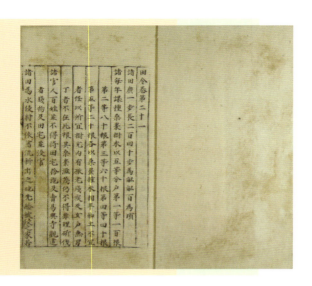

明抄本北宋《天圣令》

明代各种实录、政书、邸抄、官令、军令、律例、营规、学规、揭帖、招供、奏议、大阅录等也颇为丰富。它们是史学和司法研究者迫切需要的一手资料。如果没有范钦近30年从政、治军的经历，这些文献是难以觅到的。天一阁藏《天圣令》是一部失传已久的宋代法律文献，如今仅存残篇，它是了解北宋典章制度和人口问题的珍贵资料，对唐令的研究也具有重要意义。

天一阁藏明代白棉纸抄本堪称独步。范钦对于无力购买的好书，总是千方百计进行抄录，这些抄本笔墨精良，大多选用优质棉纸，因此经久不坏。比如，天一阁收藏的明抄本《崇文总目》六十六卷是宋代大型官修书目《崇文总目》现存最早的版本。

天一阁刻本也颇具特色。范钦喜爱刻书，雇有数十位刻工，使之形成规模。范钦所撰《奏议》四卷即是刻本珍品，真实记录了明代抗倭斗争的有关资料。《奏议》系官方文件，原稿一般藏于内阁或皇史宬，历朝皇帝《实录》中亦不可能一一收录。只有范钦本人，既是《奏议》的原作者，又是刻书行家，才有可能将之保存并付梓。

《范氏奇书》20余种、《司马温公稽古录》、《竹书纪年》、《说苑》等均为范钦亲自主持刻印之书，范钦诗文集《天一阁集》为其长子范大冲刊刻。《范氏奇书》《天一阁集》等刊刻版片大多还保存在天一阁中，书版书叶两相辉映。

除了明代善本，清代名家的稿本、抄本、校本也是天一阁藏书中的璀璨明珠。当地藏书家捐赠的清代（包括明末清初）古籍中既有图文并茂的彩绘本或多色抄本，又有不同时期名人精辟独到的批校与题跋。

万斯同《明史稿》手稿是二十四史唯一留存的稿本实物。黄宗羲编辑的《明文案》和《明文海》（后者系《明文案》扩充而成）稿本，前者217卷，后者482卷，多为别处无法找到的明代文献，幸赖此二书的辑录。《夜航船》是张岱的重要著作，因为有了天一阁藏的清抄本才得以流传至今。明末清初毛氏汲古阁影宋抄本《集韵》、清初四色抄本《蟠桃会》、清息耕堂抄本《徐文长佚草》等，都是非常罕见的抄本。馆藏清代校本中最著名的当数顾广圻校跋的《仪礼注疏》，内有顾氏批校不下千处，生动反映了清代校勘学家的工作方式与流程。

万斯同《明史稿》手稿

阁闻天下

从私家藏书楼到公共博物馆，从"书不出阁"到"阁闻天下"，天一阁早已完成身份的转变。如今，天一阁不仅是传统文脉的象征，更是城市文化地标和"会客厅"。

近年来，天一阁博物院每年举办各类文化活动近百场，取得良好反响。自2020年起推出的"天一夜读"系列活动，每期以具有新意的形式解读一件藏品，通过精彩的视听呈现，让馆藏文物"活"起来。每逢节假日，天一阁会举办戏曲演出、汉服展示、国乐快闪等活动，让游客在古色古香的园林楼台中沉浸式体验传统文化的魅力。比如，上巳节举办的"灼灼芳华"及笄礼体验活动，再现了古代汉族女子的成人礼——笄

"天一夜读"活动

礼;"书想衣裳又想容"包背装体验活动,让参与者了解中国古籍装帧形式的演变、包背装的形制特色等,通过亲手制作包背装,感受中国传统手工技艺之精巧。

作为宁波市国际交流示范基地,天一阁博物院积极搭建国际文化交流桥梁,讲好中国故事,传播中华文化。2016年,天一阁藏11种珍贵古籍首次走出国门,亮相韩国"新安海底文化财发掘40周年纪念"展览;2018年,天一阁博物院参加香港国际授权展,范钦的卡通形象"阁主大大"与阿童木、变形金刚等国际文化品牌同台展示;"天一阁论坛"邀请海外专家学者来宁波,围绕古籍、文字、美学、文学、古建文保等主题开展研讨。

天一阁博物院还借助数字技术开展线上交流互动。国际文化对话节目"Tianyi Talk"连线海外知名高校和图书馆的专家学者,在把海外文化知识传输给国内大众的同时,提升了天一阁的国际知名度。2023年举办的"Tianyi Talk",对话意大利美第奇洛伦佐图书馆和意大利马拉特斯塔图书馆,让世界三大古老藏书楼联系更紧密。

本文图片均由天一阁博物院提供

舟山博物馆

舟山博物馆

感受渔风民俗　领略海洋文化

方彭依梦 / 文

　　傍海而生，因海而兴。有着"千岛之城"美称的舟山市位于浙江省东北部，四面环海，是中国第一个以群岛建制的地级市。数千年来，舟山人民利用海洋资源创造出丰厚的物质与精神财富，孕育了宝贵的海洋文化。

　　舟山博物馆成立于20世纪50年代后期，2014年12月，舟山博物馆新馆试开馆运行。新馆建筑面积1.41万平方米，陈列展览总面积6120平方米，蓝色的建筑立面上分布着银灰色的不规则几何块，象征着舟山岛礁林立。馆内运用现代化展陈语言向观众展示舟山得天独厚的自然资源、别具一格的渔风民俗和源远流长的海岛历史。

舟山博物馆外观

探索海洋宝藏

　　舟山博物馆拥有1万余件（套）藏品，从晚更新世哺乳动物化石到近现代文献实物资料，品类丰富，尤以海洋文化相关藏品最具特色。

　　博物馆一层的"美丽家园——舟山自然陈列"集中展示了500多件舟山动植物标本、古动物化石、海洋生物标本等，反映了舟山地貌衍变过程和独特的自然生态环境。

　　步入展厅，麋鹿鹿角、古菱齿象臼齿、德氏水牛头骨等晚更新世哺乳动物化石映入眼帘。据介绍，2001年至2003年间，舟山渔民在金塘海域、东极东部海域捞获300多件化石，引起国内外关注。在舟山地区发现的古菱齿象、真马、额鼻角犀等化石证明舟山原先与大陆相连，是东海平原的一部分，历经数次海侵海退，舟山与大陆分离，基本形成了今天的群岛。这批晚更新世哺乳动物化石为研

德氏水牛骨骼化石

究舟山群岛的形成及舟山原始先民的生存状况提供了重要的实物材料，对于研究全球气候、环境变迁和海平面变化也具有重要意义。

中国鲎标本

3亿年前就生活在海洋中的中国鲎（hòu）、现存最大的节肢动物巨螯蟹、拥有多个精密气室的鹦鹉螺……行走在"野性舟山"单元，各类动植物标本令人目不暇接。舟山群岛由2085个岛礁组成，陆域面积1440平方公里，海域面积2.08万平方公里，因其独特的地理区位和生态环境孕育了丰富的生物类群，其中不乏珍稀动植物。世界上仅存一株的野生普陀鹅耳枥，就生长在舟山群岛的普陀山上。

两个巨大的海洋生物水族箱让人仿佛置身海底世界，箱中展示的海洋生物标本基本根据其在海水层中的真实分布情况呈现。这里面有舟山渔场著名的鱼种——大黄鱼和小黄鱼。很多人以为小黄鱼长大了就是大黄鱼，其实它们是两个完全不同的品种。

海洋生物水族箱

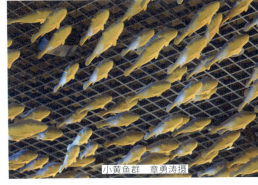
小黄鱼群　章勇涛摄

体味渔风海韵

舟山有"中国渔都"的美称，自古以来因渔业资源丰富而闻名。博物馆二层的"渔风海韵——舟山民俗陈列"展示了舟山渔民生产生活的工具，体现了极具海洋特色的民俗文化。

展厅里，近百艘渔业用船模型浩荡排列，生动展现了舟山渔场渔船云集的壮观景象。这些船模都是按照1：40的比例制作的，包括油轮，渔政、渔业指导船，冰鲜船，运销、供销船，防疫、医疗船等30个种类。

舟山渔场是中国最大的近海渔场，也是浙江、江苏、上海、福建渔民主要的生产作业区域，北起辽宁、吉林，南至两广、港澳台，都有渔船进入舟山渔场作业，不同地方的渔船各具特色。

一个长长的展柜前，不少观众在驻足拍照，柜中展示的是舟山传统庙会场景。整个微缩场景里约有200个3D打印的人物，他们组成一支长长的巡游队伍，其中有彩车、高跷、大旗、台阁等，穿插着花船、舞龙、船灯、鱼灯等各种表演，喜庆热闹，别具地方风情。在舟山，庙会是民众参与度很高的综合性民俗活动，各个地方的庙会习俗也不一样。此处展示的是桃花岛上"稻花会"的场景，这种庙会一般在稻花吐穗时举办，故名"稻花会"。

"渔港街市"单元通过栩栩如生的人物塑像和场景搭建，再现了20世纪50至80年代舟山渔港熙熙攘攘、商铺林立的景象。码头边停靠着几艘渔船，工人们忙着卸货、补给、修补渔具。渔需店里，几个渔民在购置网线、索具、滑轮等渔业用品。鱼行里出售着各种各样的鲜鱼，年轻的学徒正在仔细地称鱼和记账。

舟山人以岛为家、以海为田，形成了独具特色的生产生活习俗和民间艺术，孕育了多姿多彩的非物质文化遗产，如舟山锣鼓、舟山渔民号子等。

舟山传统庙会场景

渔业用船模型　章勇涛摄

舟山贝雕作品《迎鱼汛》　　　　　　　　　　　　　　　　　　　　舟山渔绳结

　　一幅幅生动活泼、光彩熠熠的贝雕作品吸引了观众的目光。舟山贝雕由各种贝类壳体雕刻制作而成，是舟山市特色传统雕刻艺术之一，被列入浙江省非物质文化遗产。舟山贝雕有圆雕和浮雕两种形式，根据贝壳的天然色彩、光泽、纹理，雕刻组合成风景、人物、花鸟等图案，尤以展现渔风海韵的作品最具魅力。

　　舟山渔绳结也是一项凝结了渔民智慧的非物质文化遗产。在传统渔业生产中，绳子经常会断，为了工作继续进行，需要将两根断绳相接，于是就有了形形色色的渔绳结。渔绳结编织是舟山渔民必备的技艺，绳结系法多达数百种，大多简便、易结、易解，既牢固又实用。除了作为生产生活工具，渔绳结还逐渐被赋予艺术价值，作为装饰品来点缀舟山渔民的生活。展厅墙面上悬挂着不同种类的渔绳结，它们有着不同的用途，编织方法也都不一样。

聆听群岛往事

从东海边的蛮荒之地到经济发达的千岛新区，舟山历经风雨沧桑。"群岛往事——舟山历史陈列"讲述了舟山数千年来的历史变迁。

舟山很早就因海侵而与大陆分离，但文明的发展并未因此中断，早在6000年前就有先民在舟山的海岛上生活。一块马岙洋坦墩遗址出土的带有稻谷痕迹的陶片，表明舟山群岛在5000年前就已经出现水稻，这是先民留下的重要生活遗迹。

舟山最早有文字记载的历史可以追溯到春秋时期，《左传》记载"冬十一月丁卯，越灭吴。请使吴王居甬东"。甬东即属于今天的舟山。

秦代设鄮县，其地大致包括今宁波东部北仑和舟山，两汉至南北朝循秦制。县治鄮山邻宁波阿育王寺，临海有市，舟山海民常至此用海鲜换取五谷和日用品，海岛与大陆开始了早期的贸易活动。唐宋时期，舟山作为"海上丝绸之路"著名港城明州（今宁波）的出海口，迎来了繁荣发展。

一个展台内铺满细沙，沙中埋着许多海捞瓷碎片，这些都是沉船事故发生后沉入海底的。古代航海者非常艰辛，可以说是"提着脑袋"讨生活，船行大海常会发生意外。舟山作为海上交通要塞，无数船只在这里补

新石器时代太阳纹陶罐

给中转、启程远航。在这期间，航海者会去普陀山拜观音，祈求平安。

繁荣的海上丝绸之路带动了中外文化交流，促进了佛教文化在舟山的传播，普陀山成为中国四大佛教名山之一。展厅里有一块杨枝观音碑拓片，此碑刻于明代，现置于普陀山杨枝庵，碑上的画为唐代著名画家阎立本所作。杨枝观音碑与多宝塔、法雨寺九龙藻井并称为"普陀山三宝"。

明清两代，舟山是贸易重镇。展厅内的油画《双屿盛况》描绘了明初舟山六横双屿港的繁华。16世纪犀牛角柄西方人像短剑、18世纪西班牙银币等文物，折射出明清时期舟山海上贸易和对外交流的盛况。

新中国成立后，舟山的发展日新月异。展板上的图片展示了舟山大陆连岛工程，这是中国迄今为止规模最大的岛陆联络工程。该工程经舟山群岛中的里钓岛、富翅岛、册子岛、金塘岛至宁波镇海区，与宁波绕城高速公路和杭州湾大桥相连接，2009年12月建成通车。2011年6月，国务院批准设立浙江舟山群岛新区，这是中国首个以海洋经济为主题的国

油画《双屿盛况》

家级新区。"十三五"期间，舟山地区生产总值年均增长9.2%，增速居浙江省首位。

近年来，舟山博物馆在社教活动方面不断创新，将科普教育与互动体验相结合，推出"十指灵动""舟博课堂""翁山雅集""走读昌国"四大品牌教育活动，其中"走读昌国"入围"2021全国文化遗产旅游百强案例"。"走读昌国"已打造多条精品走读路线，采用"实地探寻+零距离体验"的模式，将不可移动文物串联起来，活动过程中还穿插非遗展示与体验，让参与者深入感受舟山的历史文化魅力。

除特别注明外，本文图片均由舟山博物馆提供

无锡博物院

无锡博物院

看吴地繁华　品名城雅韵

尹晓宇 / 文

　　江苏无锡是国家历史文化名城，有文字记载的历史可追溯到3000年前。商末，周太王长子泰伯与次子仲雍定居梅里（今无锡梅村），筑城立国，自号"勾吴"。唐宋时期，无锡是中国农业经济最发达的地区之一。明清时期，无锡商业经济繁荣，近代以来，成为中国民族工业重要发祥地。

　　无锡博物院藏有近4万件文物，包括书画、紫砂、泥塑、近现代革命文物和民族工商业文物等，让人看到这个城市不同的侧面。

翰墨丹青藏文脉

书画藏品在无锡博物院举足轻重，共有5000余件，以历代法书、清宫旧藏书画和华氏家族捐赠书画最具特色，大部分为明清书画，几乎囊括了明清时期所有主要书法流派及其代表人物的作品，能够系统展示明清两代书画艺术的发展脉络。

作为"镇馆之宝"之一的《苔痕树影图》是倪瓒的作品。倪瓒为"元四家"之一，出身于无锡富豪之家，因元末社会动荡，他卖去田庐，散尽家资，浪迹于江湖。倪瓒绘画主宗董源，兼学荆浩、关仝，创"折带皴"，对明清以来的山水画影响极大。目前，存世的倪瓒作品数量极少，十分珍贵。

《苔痕树影图》下方布以坡石，正中挺立枯树，与石后细劲飘逸的丛篁修竹相呼应。枯树高大坚挺，象征君子坚贞高洁的品质。大石以渴笔作折带皴，表现出山石坚硬的质感。倪瓒画竹极负盛名，画上竹枝极细，似断还连，竹叶不多，清气逼人。画的左上部有倪瓒自题六

元代倪瓒《苔痕树影图》

言诗一首："石润苔痕雨过，竹阴树影云深。闻道安素斋中，能容狂客孤吟。"末识"十一月五日，余遇牧轩于吴门客邸，求赠安素斋高士并赋。壬子倪瓒"。壬子为明洪武五年（1372年），倪瓒时年72岁。此画是倪瓒晚年的作品，技法纯熟。画的右上部有明人沈应所题七绝和云泉子所题五绝各一首。

朱元璋书法作品存世不多，无锡博物院藏有一幅《朱元璋行书手谕卷》。全卷共14行，118字，是"吴王亲笔"写给"左相国徐达"的手谕，谈论的是"张寇首目"越狱事件。"张寇"即与朱元璋争天下的张士诚。史载至正二十四年（1364年）朱元璋灭陈友谅自称吴王，至正二十五年（1365年）冬十月发动对张士诚的作战，命左相国徐达、平章常遇春攻取淮东、泰州一带。次年八月任命徐达为大将军，常遇春为副将军，攻打浙西进而包围苏州。这件手谕虽未署年月，但根据文中称谓和越狱案发生的时间，可推断写于1365年至1366年间。手谕的文句是纯粹的大白话，

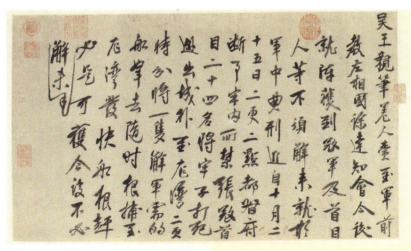

《朱元璋行书手谕卷》

明代文徵明《蕉石鸣琴图》

显示出朱元璋草莽出身的本色。此卷曾为清内府所藏，上钤"乾隆御览之宝""嘉庆御览之宝""石渠宝笈"等印。

　　明代"吴门四家"之一文徵明的作品，无锡博物院也收藏颇丰。《蕉石鸣琴图》是集文氏书法、绘画于一体的上乘之作。画仅占全图的三分之一，绘芭蕉嶙石，一高士儒巾宽服，席地抚琴。画幅上方是以小楷书写的嵇康《琴赋》一篇。据赋后文徵明自题，此图作于明嘉靖七年（1528年），是为了完成同乡杨季静多年来请书求画的心愿。杨季静为吴中琴士，与当地名士多有交往，吴门诸家多为其作诗作画。

　　文徵明在乡时曾数次应举未中，54岁方被举荐为翰林待诏，3年后辞官归里。《蕉石鸣琴图》作于文徵明归乡之后的第二年，正是他断绝仕途之想、专心纵情于翰墨丹青之时，故此图无论绘画还是书法，都表现出恬静雅致、清新脱俗的特点。

金玉奇珍竞华美

　　无锡考古发现的大墓不多，钱裕墓算是一个。钱裕为吴越王钱镠后裔，生于南宋淳祐七年（1247年），卒于元延祐七年（1320年），历经朝代更迭。钱裕墓出土金银器、玉器、丝绸服饰、漆木器、纸币和铜镜等文物共154件（套），反映了当时豪门富户的生活状况。

　　元代春水玉带扣是其中珍品。它由钩和环两部分组成，环呈椭圆形，中部微微凸起，底部有扁环衬托，雕刻"春水"图案。所谓"春水"，是指辽、金、元时期北方贵族在春季进行围猎时，以海东青捕猎天鹅的场景。这件玉带扣以水、荷、芦苇等为背景，上方一只海东青正在寻找猎物，下方一只天鹅惊慌失措地潜入荷塘隐藏。玉器上常见的春水图多为海东青啄天鹅，此器别具一格，刻画了海东青飞于荷上回首寻觅的瞬间。带钩呈琵琶状，钩头扁平，以阴刻荷花、莲蓬为饰，腹上镂雕荷莲水草纹，背部为一桥型纽，长方形孔。

元代春水玉带扣

玉带扣是中国古代男子腰间束带用具，分为官服玉带和便服玉带。这件玉带扣属于官服玉带，为钩环相扣形制，十分罕见。

钱裕墓出土的连生贵子纹高足金杯也颇具特色。杯为侈口，圜底，深腹，高圈足呈喇叭状外撇，杯身与圈足经焊接相连，造型轻巧秀丽。口沿内侧和圈足底边各錾有一圈卷云纹，杯心中央用细劲流畅的阴线錾刻出精美的"连生贵子"图案：一个男童身着交领窄袖短衫，下穿宽松长裤，手持折枝莲，正在嬉戏玩耍，周围饰有团状莲花。金杯口沿外侧有铭文"邓万四郎十□□金"，是一件有制作商铺明确款识的器物。

元代"邓万四郎"款
连生贵子纹高足金杯

泥人紫砂展风韵

无锡惠山泥人有着千年文化传统，是国家级非物质文化遗产。当地独特的风土人情融入惠山泥人中，形成了由俗而雅、大俗大雅、粗中有细、甜而不腻的艺术特色。按照制作的精细程度，惠山泥人分为"粗货"和"细货"。

无锡博物院藏有一件"细货"精品——"蟠桃会"。清光绪十年（1884年），慈禧五十岁寿诞之时，全国各地官员都为送贺礼绞尽脑汁。当时的无锡县令别出心裁，呈送给慈禧太后一件名为"蟠桃会"的大型惠山泥塑作品。由于制作工序复杂，且容易损坏，为防万一，当时赶制了两件一模一样的作品，一件送往北京，一件留在无锡备用。入宫的那件现已不知去向，而备用件虽几经辗转，却保存完好，最终入藏无锡博物院。

清光绪"蟠桃会"泥塑

这件泥塑由清末民间艺人周阿生手塑、陈杏芳上彩，以王母娘娘过生日开蟠桃会、邀群仙赴会庆贺为场景。泥塑整体像一座山，顶端是一座大红色阁楼，阁楼牌匾上书"蟠桃会"三字。阁楼下方，24位神仙分4层站立，王母娘娘高坐在最上层，南极仙翁和麻姑位于两侧。每个神仙的表情与服饰各不相同，有的捧着仙桃，有的拿着荷花……个个表情生动，面带微笑。这件作品是按照传统戏曲《蟠桃会》制作的手捏戏文，迎合了慈禧太后喜欢看戏的癖好。

宜兴紫砂盛名远扬，紫砂壶也是无锡博物院的特色收藏之一，顾景舟、朱可心等紫砂大师的作品皆有所藏。自明代开始，当地人有意识地使用生坯强度更高、烧成收缩率更小的紫砂泥来制陶，并独创性地使用打身筒和镶身筒的手法来成型制壶。明代饮茶方式由煮茶变为沏泡茶，使紫砂壶风靡一时。

梨形壶的造型始于元、流行于明，因形状似梨而得名。无锡博物院所藏顾景舟制梨形壶堪称个中精品。此壶造型秀美雅致，朱泥砂色纯正，胎质细腻油润。全壶通体光素，腹部圆鼓呈梨形，截盖拱起，与壶身契合紧密。圆球形钮，弯嘴朝天，圈把呈圆弧状，弧线流畅优美。流、把与器身结合处平滑无痕，浑然天成。壶底篆书阳文印款"墨缘斋意堂制"，把下钤"景记"小章，为顾景舟早期杰作。

无锡是中国近代工商业发源地之一，在纺织、面粉等行业涌现出一批重要的民族企业。无锡博物院藏有一台纺织机，见证了无锡纺织业的发展。申新纺织公司是中国近代棉纺织工业中规模最大的民族资本企业，1915年由无锡荣氏家族荣宗敬、荣德生兄弟创办于上海。1931年全盛时期，在国内共有9个纺织厂，总计纱锭46万枚，布机4757台，职工逾3万人。这台纺织机由英国制造，无锡申新三厂购买。新中国成立后，申

新三厂改制为国棉一厂。1991年，国棉一厂将它捐赠给原无锡市博物馆（无锡博物院前身之一）。

　　近年来，无锡博物院依托现代科技手段和数字资源，稳步推进数字博物馆建设，开拓线上线下同步开展的模式，并将深受观众喜爱的文博讲堂搬到线上，打造"永不落幕的博物馆"。

　　　　　　　　　　　　　　　本文图片均由无锡博物院提供

宜昌博物馆

宜昌博物馆

溯源峡江文明　体味巴风楚韵

田豆豆 / 文

　　长江三峡，举世瞩目。宜昌，古称"夷陵"，素有"三峡门户""川鄂咽喉"之称。"峡尽天开朝日出，山平水阔大城浮。"郭沫若曾这样咏叹峡江风光及宜昌城景。如今的宜昌，是一座现代化的文明都市，若想探寻悠远的峡江文明、独特的巴楚文化，不妨到宜昌博物馆走一趟。

　　宜昌博物馆是一座集历史、自然、民俗、古建为一体的综合性博物馆，在湖北省地市级博物馆中规模最大。宜昌博物馆主体建筑面积4.3万平方米，展陈面积近1.3万平方米，现有各类藏品58727件（套），其中珍贵文物1623套、2555件。

神秘文明从远古走来

　　走进博物馆大厅，一幅气势恢宏的巨大浮雕闯入眼帘。两岸青山相对出，一湾碧水奔向前。山水之间，"峡尽天开"4个大字令人心潮澎湃。

　　长江是中华民族的母亲河。峡江文明从远古走来。这片土地的历史，通过博物馆的"开辟鸿蒙""远古西陵""巴楚夷陵""千载峡州"等展览，从地质演化、恐龙时代，到旧石器时代、新石器时代……一一铺陈开来。

"清江生物群"化石

　　距今5.4亿年前后，地球在较短时间内出现一系列与现代动物形态基本相同的动物种类，被称为"寒武纪生命大爆发"。宜昌博物馆展出的林乔利虫化石，可以追溯到5.18亿年前的早寒武纪时期。清江是长江一级支流，近年来，科学家在宜昌长阳一带发现了大批"清江生物群"化石，它们与20世纪80年代发现的云南"澄江生物群"同处于动物门类爆发式起源演化的极盛时期。在4351件"清江生物群"化石标本中，已分类鉴定出109个属种，其中53%为此前从未有过记录的全新属种。

　　生命的演进如长江奔涌不息。在宜昌博物馆"物竞天择"展区，可以看到中华鲟、白鲟标本。中华鲟是物竞天择的奇迹，它们和恐龙生活在同一时期，在地球上存续了1.4亿年，是现存最古老的脊椎动物之一。中华鲟是一种大型洄游性鱼类，生于江河而长于海洋，从幼鲟游入大海到成年鲟返回长江繁育后代，最短也需要10年。由于工业发展带来的生态环境变化，中华鲟的数量急剧下降。1982年，中华鲟研究所成立，采取了全江禁捕、限制科研用鱼、中华鲟放流等一系列行之有效的中华鲟保护措施。近年来，中华鲟数量已开始回升。然而，令人扼腕的是，比中华鲟更早出现在地球上的白鲟，21世纪初已宣告灭绝。在宜昌博物馆，可以看见白鲟的仿真模型。白鲟的消亡警醒世人：保护长江，任重道远，人与自然应和谐共生。

　　人类的出现，远远晚于这些古老的生灵。大约19.5万年前，长阳智人出现在宜昌长阳。展厅里打造了一座绿藤缠绕的"山洞"，洞内展示着长阳人的牙齿化石和长阳人头部复原雕塑。从旧石器时代到新石器时代，

中华鲟标本

越来越精良的石器体现了人类手工技艺的
发展。而1米多高的"太阳人"石刻，则折
射了人类越来越丰富的精神生活。"太阳
人"石刻1998年出土于宜昌市秭归县东门
头城背溪文化遗址，年代为新石器时代中
期。石刻正面用简练的线条刻画人像，身
体两侧刻画星辰，头顶为光芒闪耀的太阳。
这是目前在中国境内发现最早的新石器时
代太阳图腾崇拜文物，为研究原始宗教、
艺术、文化和社会性质提供了极为宝贵的
资料。"太阳人"石刻原件现藏于湖北省博
物馆，宜昌博物馆展示的是复制件。

新石器时代城背溪文化"太阳人"
石刻（复制件）　田豆豆摄

因葛洲坝、三峡水利枢纽工程的兴建，
工程所在地进行了抢救性考古发掘，宜昌地区的新石器时代考古学文化
得以清晰完整地展示给世人。城背溪文化、大溪文化、屈家岭文化、石
家河文化一脉相承，展示了早期峡江文明演化发展的全貌。

文化碰撞展独特风貌

宜昌是早期巴文化和楚文化的发祥地，两种文化在此交汇、碰撞。
在"巴楚夷陵""风情三峡"等展区，丰富的文物展示了此地别具一格的
历史风貌。

清江流域被学界认为是探索早期巴人起源的重要地区。自古巴人崇
虎，以虎为图腾，至今土家族人仍延续着白虎崇拜。宜昌博物馆展示了

多件年代不同却有着相似造型的虎钮
錞于。錞于是古代军中乐器，有钮可悬
挂，以槌击之而鸣，主要用于军旅中指
挥进退，也用于礼仪庆典、大型集会、
宗庙社祀等活动。錞于从春秋时期开始
流行，盛行于战国秦汉，之后逐渐消
失。因巴人崇拜白虎，当錞于传入时，
巴人沿袭了錞于的形体和音乐功能，同
时对錞于加以改造创新，以虎为钮，以
此物祈求虎神的保佑。

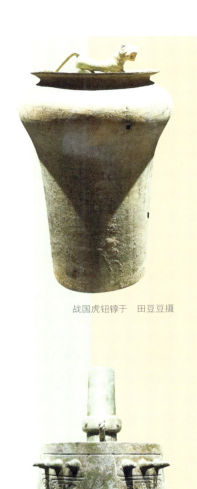

战国虎钮錞于　田豆豆摄

　　宜昌秭归是楚国历史上杰出的政
治家、文学家屈原的诞生地，楚文化
在宜昌留下了深深的印迹。"楚季"铜
甬钟是宜昌博物馆的"镇馆之宝"。
2012年，白洋工业园施工建设时发掘
出土了12件甬钟和1件铜鼎。其中1件
甬钟上刻有铭文"楚季宝钟乒孙廼献
于公公其万年受乒福"，意思是铸钟的
人叫"楚季"，后来由楚季之孙献于
其公（君），让"公"受万年福。这
件甬钟是中国首次发现的西周时期刻
有"楚季"铭文的楚国宝钟。专家组
鉴定认为：宜昌万福垴遗址出土的青
铜鼎、青铜编钟和陶器，年代应属

西周"楚季"铜甬钟　田豆豆摄

于西周中晚期，是楚文化考古的重大发现，填补了早期楚文化研究的空白。

历时9年修复、2022年初展出的春秋木质建鼓被誉为"华夏第一建鼓"。《左传》中便有"建鼓"的记载。唐代孔颖达解释："建，立也，立鼓击之以为战也。"古时军队作战，要立建鼓指挥进退。建鼓也用于宴乐。建鼓鼓身为木质，不易保存，因此现今出土的先秦时期建鼓大多仅存底座或木杆。宜昌博物馆的这件建鼓1997年出土于当阳市，由于全鼓

春秋木质建鼓

为金丝楠木整木凿制，且保存环境较好，因此成为国内迄今所见保存较为完整的唯一建鼓鼓身实物。此鼓髹黑色底漆，施红色变形窃曲纹，具有鲜明的楚文化特色，对研究先秦音乐、军事、艺术及漆木工艺具有重要价值。

创新展示让观众驻足

宜昌有20多项国家级非物质文化遗产代表性项目，如兴山民歌、长江号子、宜昌丝竹、土家撒叶儿嗬、屈原故里端午习俗、当阳关陵庙会等。走进"风情三峡"展厅，仿佛进入了独特民俗的沉浸式体验场。参观通道如蜿蜒的山路，左右两边的山形墙壁挂着展示民俗演出的电子屏

和相关照片。古色古香的土家吊脚楼前，火红的花轿、悠扬的哭嫁歌将人们引入土家族婚礼现场。吊脚楼内，雕塑栩栩如生，父母坐高堂，夫妻正对拜，屏幕上的视频介绍了"六礼"完备、歌舞相随的土家婚俗。展厅里还展示了宜昌皮影、端午龙舟等非遗项目，

再上一层楼，顿觉天高云淡，豁然开朗，好似穿越回百年前的宜昌古城。在四层露天区域，宜昌博物馆独具匠心地设置了"古城记忆"展厅，展现宜昌古城风貌。斑驳的木船停靠在浮雕的山崖栈道边，再往前便是房屋鳞次栉比的复古街巷。留光照相馆、邹郭顺铁匠铺、万顺白铁店、万长隆杂货铺等凝聚了城市

"古城记忆"展

记忆。据介绍，这里的墙砖、太师椅、屏风、窗棂、花床等都是老物件，门店、文庙、牌坊等也是根据老宜昌城的历史建筑复原的。这里已成为宜昌人的网红打卡地，不同年龄、不同文化背景的观众都能找到乐于驻足的地方。

除特别注明外，本文图片均由宜昌博物馆提供

桂林博物馆

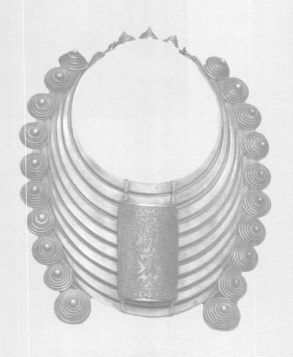

悠悠漓水　诗画桂林

庞革平　刘　倩／文

苍苍森八桂，青山簇簇水中生。

广西桂林，是国际旅游名城，也是中国首批历史文化名城之一。在

桂林博物馆主体建筑

桂林市临桂新区，一片富有浓郁桂北风格的建筑群引人注目，这就是桂林城市会客厅"一院两馆"（桂林大剧院、桂林博物馆、桂林图书馆）。

桂林博物馆外观兼具桂北民居特色和汉唐古韵，建筑面积3.4万平方米，展厅面积1.2万平方米，内设1400平方米的青少年科普社教活动中心。馆内有从旧石器时代至近现代各个历史时期的藏品3.9万余件（套），形成以陶瓷（唐代桂州窑出土佛教陶器和明代出土梅瓶为代表）、书画（明清名家书画、桂林籍状元书画和桂林山水画为代表）、抗战文物及史料（西南剧展文物为代表）、民族民俗文物（南方少数民族服饰为代表）、访桂外宾礼品等12类文物为支撑的藏品体系。

漓水春秋　文化荟萃

桂林历史悠久，人类文化遗迹可追溯到3万年前的旧石器时代。秦凿灵渠联通岭南与中原，置桂林、南海、象三郡。汉武帝时于桂林设始安县。隋唐时期桂林为岭南边防重镇，宋元发展为西南繁华都会。明代置

甑皮岩遗址出土陶豆

"漓水春秋——桂林历史文化陈列"摩崖石刻场景

桂林府，以桂林为府治。清代桂林文化教育空前发展，科举阜盛。抗战时期，桂林为著名的"抗战文化城"。

走进桂林博物馆"漓水春秋——桂林历史文化陈列"，仿佛行舟于历史长河。观众可以探秘被誉为"华南乃至东南亚史前考古重要标尺和资料库之一"的甑皮岩遗址，了解1万多年前甑皮岩人怎样制作石器和陶器；可以走近"世界最古老的人工运河之一""世界灌溉工程遗产"灵渠，聆听秦军破水修渠的故事；可以领略唐宋摩崖造像、碑刻之盛；可以在巨幅的《静江府城池图》拓片前，纵览南宋桂林的环城水系，畅想范成大描绘的桂林西湖"棹夫三弄笛，跳鱼翻素光"。

"所学一以失，终身牛马走。"徐悲鸿的水墨画《牛马走》是桂林博物馆馆藏书画中的精品。徐悲鸿擅长画马，"九一八"事变后，徐悲鸿笔下的马常常寄托着忧国忧民之情，同时体现着奋起抗争、不屈不挠的民族精神。从画作题字可知，《牛马走》是1932年徐悲鸿应好友杨仲子所求而作。杨仲子为音乐教育家，以此图表达自己为祖国的音乐事业奔走辛劳的拳拳之心。

　　图中绘一牛、一马缓缓前行，马儿浓墨，牛儿次之，画面层次分明。徐悲鸿日常画马以激昂奋进的奔马为主，而在这幅图中，马儿安详踱步，即使锋芒未露，却也昂首挺胸，恬淡中透出倔强。牛儿敦实忠厚，牛角部分用强劲线条勾勒，锋利强壮之势跃然纸上。图中以淡墨勾画青草和柳树，柳树上已有新芽冒出，寓意生机和希望。

徐悲鸿水墨画《牛马走》

展柜里，一本泛黄的《西南第一届戏剧展览会会歌》，述说着一段"融汇于桂林山水间的'文化奇迹'"。

1938年至1944年，桂林接纳了来自全国各地的数百位文化名人和多个文化机构，举办了大量文化活动，成为抗战时期中国大后方的文化中心，有着"抗战文化城"之称。荟萃桂林的文化人士、文化团体，在中国共产党的领导下，开展了轰轰烈烈的抗日文化运动。

《西南第一届戏剧展览会会歌》

1944年春，抗日战争处于艰难的相持阶段，时任广西艺术馆馆长欧阳予倩倡议，由当时的戏剧运动先驱田汉、熊佛西、瞿白音等同志主持，在桂林举办规模宏大的"西南第一届戏剧展览会"。戏剧展览会于当年2月15日开幕，来自广东、湖南、江西、云南、广西等8省区的33个进步文艺团队、近千名戏剧工作者云集桂林。"日寇逞猖狂，干戈动八方；民族命运在顷刻，生死博存亡……"豪迈的会歌响彻云霄，一幕幕戏剧让抗战后方的民众仿佛亲临炮火纷飞的战场，激起挽救民族危亡的爱国之情。剧展历时90天，演出剧目80多个共170场，观众达10万多人次。美国《纽约日报》评论道："这样宏大规模的戏剧展览，有史以来，除了古罗马时代曾经举行过，还是仅见的。"

梅瓶珍品　冠绝天下

作为目前国内规模最大、陵墓数量最多、保存最完整的明代藩王陵墓群，桂林靖江王陵体现了明代陵园建筑艺术的高超水平，具有极高的历史、艺术和研究价值。在出土的众多随葬品中，最珍贵最有特色的当数梅瓶。

梅瓶，又称美人瓶，以口小只能插梅枝而得名。明代靖江王就藩桂林，其世系延续280年，其间，订烧、使用、随葬了大量梅瓶。

桂林博物馆收藏明代梅瓶数量众多，藏有明初至明晚期梅瓶300余件，其器型之变化多样、釉色之绚丽丰富、纹饰之种类繁多，世所罕见，专家学者誉之为"国之瑰宝""华夏之最，梅瓶之乡，桂林一绝"。

桂林博物馆"靖江遗韵——桂林出土明代梅瓶陈列"是目前全国唯一的明代梅瓶专题陈列。展厅内，精美绝伦的梅瓶让观众啧啧称奇。这几百只梅瓶基本都是景德镇出产的精品，烧制于明初、宣德、弘治、正德、嘉靖、万历、天启、崇祯8个时期，可分为12类器型、15种釉色、30种纹样。

摆放在展厅中心的，是桂林博物馆最珍贵的一对文武图青花梅瓶，堪称"镇馆之宝"。

明代青花携琴访友（携酒寻芳）图梅瓶

明代青花西溪问樵图梅瓶

携琴访友（携酒寻芳）图梅瓶为国家一级文物，瓶上绘一位高士神态怡然，骑马徐行，琴童挟琴在前引路，马后一仆人肩担酒食随行，远处群山滴翠，碧水横流，路旁柳枝随风摇曳。

西溪问樵图梅瓶出土于同一墓葬，其尺寸、外形与携琴访友（携酒寻芳）图梅瓶相同，颈部、肩部、胫部的图案也完全一致。瓶上也绘一骑马的高士，衣着打扮与携琴访友图中的人物相似，马前有一名肩托宝剑的侍从。高士正勒马回首，与一樵夫搭话，似是问路。樵夫砍柴归来在路边歇息，遇人询问，起身致意，临别还拱手作揖。

两瓶图案反映的内容有前因后果的关联，专家推测西溪问樵图描绘的是俞伯牙初遇樵夫钟子期，另一幅则是二人相熟后俞伯牙携琴拜访老朋友。这种内容互为补充的对瓶瓷画，世所罕见。

细细端详，携琴访友图中仆人肩上所担一头为竹编食箪，另一头为一只装酒的梅瓶，这只"瓶中瓶"为研究古代酒文化及梅瓶用途提供了直观的实物资料。据介绍，图中这只挑着的梅瓶，与桂林博物馆所藏的多件梅瓶造型几乎一模一样。这组对瓶器形、图案都十分精美，迄今尚未发现有与之相似者，堪称明代永乐、宣德时期中国青花瓷的典范之作。

多彩民俗　画里人家

桂林是多民族聚居地，各族人民在这里共同创造了独具特色的物质文明和精神文明，构成了桂林丰富多彩的民俗文化面貌。"画里人家——桂林民俗文化陈列"展现了桂林各族人民的美好生活画卷。

进入展厅，平地华屋（桂北汉族民居）、依山而居（桂北少数民族干栏式建筑）、水上人家（平乐桂江船民）三种桂林特色生活模式呈现在眼前。

桂林地区的汉族民居，深受中原文化和周边少数民族文化的双重影响，形成了独立院落式合院建筑格局，整个院落由照墙、大门、天井、

汉族民居场景

堂屋、厢房等组成，多为青砖灰瓦，马头墙鳞次栉比。

在桂林生活的瑶、壮、侗、苗等民族多依山而居，他们居住的干栏式建筑也称吊脚楼，多为两层竹木结构，屋顶盖瓦，一楼较低矮，堆放柴草、劳动工具，并有牲畜圈舍。二楼为生活区，有堂屋、阳台。

漓江—桂江水上通道自古就是人口迁徙和物资往来的黄金水道。桂江船民生活在红帆船上，船集日常生活、劳作和经商为一体。船家从广州或梧州贩运货物一路往北，靠岸出售各类日用品。

"斑斓彩衣"单元展示了缤纷多彩的民族服饰。西南少数民族有佩戴银饰的习惯，他们认为银饰可以驱邪避凶，同时象征着富有、美丽。展柜里的清代瑶族十排龙纹錾花银项圈制作精美，引人注目。项圈表面无纹饰，边缘用银条盘制成20个乳钉状装饰。中部用银条系一錾有龙纹的银牌，龙纹威武有力。整件项圈简洁大方，不失华贵之感。

清代瑶族十排龙纹錾花银项圈

本文图片均由桂林博物馆提供

广东中国客家博物馆

领略独特客家文化

陆培法 / 文

　　客家是汉族一个颇具特色的民系，在海内外分布广泛、影响深远。广东梅州是客家民系最终形成地和最大聚居地之一，保存着典型的客家传统文化。在1994年举办的"世界客属第十二次恳亲大会"上，梅州被尊为"世界客都"，成为维系全球客家人情感认同和文化根基的精神家园。

　　位于梅州的广东中国客家博物馆，2008年4月建成并对外开放。这是中国首家全面展示客家民系文化渊源与发展，系统收藏、整理、研究、展示客家历史文物与民俗文物的综合性博物馆，由主馆客家博物馆和分馆梅州大学校长馆、梅州将军馆、梅州名人廉吏馆、黄遵宪纪念馆、梅州市非物质文化遗产展示馆、梅州市华侨博物馆以及梅州客家文博杂志社组成。

追溯客家来源

来到梅州市东山大桥北端，一座两层牌坊结构的圆形大门映入眼帘，大门形似客家土楼，门上题有金色大字"中国客家博物馆"。

广东中国客家博物馆主馆外观

穿过大门，可以看到一口水井，井栏刻"饮水思源"4个字，寓意客家人从中原辗转南迁，对"根源"相当重视，时刻不忘"根本"。

广东中国客家博物馆主馆内设有基本陈列"客家人"和"梅州史话"。"客家人"分源流篇、人文篇、客魂篇三大篇章，从地缘、血缘和文化的联系来诠释遍布海内外的客家人，全面梳理客家民系的发展脉络。"梅州史话"以"先秦梅州""建置变迁""土客交融""客都形成""梅州历史名人""红色土地"六部分讲述梅州客家的形成和梅州的人文历史等，展示客家深厚的历史文化底蕴。

走入主馆一楼大厅，墙上一个大大的"亻厓"字十分醒目。"亻厓"在客家话中是第一人称"我"的代称，是典型的客家方言词汇。客家话作为汉语七大方言之一，保留了大量中原古音，是沟通各地客家的重要纽带。

从两晋之交起，为躲避战乱和社会动荡等，客家人经历了5次大迁徙，"客家人"源流篇详细解读了这几次迁徙的历程。千百年来，客家人从中原越黄河，跨长江，沿赣江上溯至江西赣州，越过武夷山到福建长汀，最后来到粤东深山——梅州，然后又从这里走向全国，走向海外，展现了一幅在逆境中求生存求发展的波澜壮阔的历史画卷。广东是客家人最多的省份，江西、福建、广西、四川、海南、湖南、浙江、台湾等地也分布着为数众多的客家人，还有大量客家人散居在世界80多个国家和地区。

族谱是一个宗族或家族的谱系，客家人有着强烈的宗族意识，在迁徙的时候，对族谱、家谱十分珍重，把族谱当作凝聚族众、延续精神的载体。馆内展示的一些族谱，记录了本姓本宗始祖、世系、故居地、迁徙地、先人创业、家族发展等情况。

姓氏是代表个人或家族的符号，堂号则是承载这些姓氏文化的标记。展厅里有一个电子互动屏，可以翻阅百家姓谱，观众可从中了解关于客家和姓氏的知识。

展示客家民俗

客家先民历尽艰辛，从中原辗转迁徙到南方，将中原地区的先进文明带到所至之处，又与南方的古越等民族交流融合，形成了独具特色的客家民俗文化。馆内采用实物展示、场景复原等方式展现客家丰富多彩的民俗，让观众全面感受这个古老民系的文化魅力。

客家民居围龙屋模型

　　在"多样民居"展厅，展示了圆形土楼、四方土楼、围龙屋等多种典型客家民居的建筑模型。不同的客家人聚居区，为什么会选用不同的建筑样式？在这里会找到答案。闽西地区历史上比较闭塞，交通不便，家族武装冲突和匪患很多，这里的客家人选择了圆形土楼这种易守难攻、聚族而居的建筑形式。围龙屋在广东的客家聚居区十分常见，前半部分为半月形池塘，后半部分为半月形房舍建筑。两个部分的接合部位由一块长方形空地隔开，空地用三合土夯实铺平，叫"禾坪"（或地堂），是居民活动或晾晒的场所。禾坪与池塘的连接处砌起一堵石墙。这样的民居建筑，兼顾了生活、生产和休闲的需要，体现出客家人的智慧。

　　展厅里还有一些古色古香的建筑构件。清乾隆年间的客家祠堂抬梁式梁架呈品字形，通体暗褐色，梁上有贴金雕花图案，重达数千斤。一组晚清黑漆木雕描金镂空花卉人物纹隔扇吸引了观众的目光。隔扇共有8扇，高317厘米、宽53厘米，每扇可分为两部分，每部分均有上下涤环板和隔心（或裙板），结合浮雕、通雕和漆画等装饰手法，色彩对比鲜明，风格华丽庄重，应为宗族祠堂里使用的隔扇。涤环板浮雕祥云、瑞蝠状吉祥纹饰，用漆画绘制兰莲松等吉祥花木、博古图和棋盘、书卷、如意等。裙板用8幅人物故事图表现了一个寒门子弟经过多年苦读，外出考取

晚清黑漆木雕描金镂空花卉人物纹隔扇

功名衣锦还乡，并兴旺整个家族的励志故事。隔心采用通雕工艺雕刻奇石、茂树、繁花、喜鹊等，表达了希望家族枝繁叶茂、富贵强盛的美好寓意。

擂茶是客家饮食文化中最具代表性的一种美食，既是客家人的日常主食之一，也是待客之佳肴。据史料记载，擂茶源自北宋，至今已有千年历史。展厅里还原了客家擂茶场景：两名身着蓝衫和围裙、头戴黑底白花头帕的客家女子正在方桌前制作擂茶，桌上摆放着擂茶所需的各种原料。据介绍，制作擂茶时，先把茶叶、芝麻放入擂钵，用擂茶棍沿钵内壁有规律地旋磨，再加花生仁继续旋磨，擂茶过

客家擂茶场景

程中不断注入少许冷开水，直至磨成糊状。吃时冲入沸水并搅拌，佐以爆米花、糯米花、花生仁、米果、豆类及青菜，一碗香甜可口、营养丰富的擂茶就做成了。

感受非遗风采

梅州市非物质文化遗产展示馆位于客家传统民居建筑恩元第内，设有"乡愁映像·一客一故乡"主题陈列，分为"乡音""乡饮""乡风""乡艺""乡情""乡信"6个部分，全面展示了梅州市各级非物质文化遗产项目。据介绍，梅州目前已申报300多项非遗，其中国家级非遗项目有梅州客家山歌、广东汉剧、木偶戏（五华提线木偶）、狮舞（席狮舞）、广东汉乐等。

梅州市五华县提线木偶戏源远流长，明代初年由福建传入，至今已有600多年历史。明清时期，五华提线木偶戏的演出已经十分兴盛。20世纪初，五华共有20多个木偶戏班，技艺高超，演出活跃。1951年，五华县木偶剧团成立。五华提线木偶制作精细、形体高大，高度约为90厘米，操纵木偶的线有14至20条。其唱腔音乐以汉调为主，间唱客家山歌、民歌、采茶小调等，对白使用客家话或普通话。五华提线木偶戏生动多彩，是客家人喜闻乐见的一种民间艺术。木偶戏班还远涉重洋，到客家籍华裔居住的地区演出，受到海外华侨华人欢迎。

汉剧是中国古老的戏曲剧种之一，广东汉剧原称"外江戏"，清乾隆年间进入粤东，以潮州为中心，向邻近地区传播。到了光绪年间，外江戏在潮梅地区最为流行，当时专业的戏班有四大班，分别是荣天彩、老福顺、老三多、新天彩。广东汉剧传统剧目繁多，约有800多种，唱腔质朴淳厚、悠扬典雅，并有大板、昆腔、佛曲和民间小调等做配乐。这一别具特色的地方戏曲剧种是客家文化的重要组成部分，曾被周恩来同志赞誉为"南国牡丹"。1959年，广东汉剧院成立，院址设在梅州市。

广东中国客家博物馆除了收藏各类型的客家民俗文物，特色藏品还有唐代水车窑瓷器、客家历代名人书画和客籍名人黄遵宪的藏书等。黄遵宪藏古籍图书8000余册，多为善本、孤本，其中有不少黄遵宪批语墨迹，具有较高的历史文化价值。

梅县水车窑是粤东地区著名的青瓷窑，创于初唐，盛于中晚唐，其产品曾沿着海上丝绸之路远销东南亚和西非地区。水车窑青瓷是客家先民的日常生活器物，器型丰富，质量精良。唐代青釉双系壶是馆藏水车窑瓷器中的代表作品。此壶胎色呈灰青色，胎质坚硬、厚实。微侈口、短颈、双竖耳、肩部饰双系及一短嘴流，平底。外形稳重壮实，是水车窑最具山地特色的造型品种之一。除足底外通身施釉，青釉纯正，釉质类冰似玉。

唐代水车窑青釉双系壶

为了给观众带来精彩的参观体验，广东中国客家博物馆引入VR、AR等先进技术，并设置了多个互动体验项目。在讲解服务上，运用人工讲解、智能语音讲解、定点感应讲解、手机导览等多种方式，满足不同观众的观展需求。

本文图片均由广东中国客家博物馆提供

广州艺术博物院（广州美术馆）

广州艺术博物院（广州美术馆）

荟萃丹青瑰宝　彰显岭南风韵

罗艾桦　姜晓丹／文

在广州城市新中轴线南段，一片波光粼粼的池水中，有一座造型独特的建筑，如同盛放的木棉花。白天，阳光透过40多米高的采光天幕洒入中庭，让它室内生辉；夜晚，建筑外立面的"花瓣"点亮彩色灯光，绚丽夺目。

广州艺术博物院（广州美术馆）新馆外观

这就是广州艺术博物院（广州美术馆）新馆，2023年11月正式开放。远看这座建筑，又似一方砚台，与它遥相呼应的广州塔像一支笔，旁边的琶洲会展中心像铺开的卷轴，川流不息的珠江如流动的墨汁，共同构成了广州城市新中轴线上的"文房四宝"。

收藏丰富　特色鲜明

广州艺术博物院前身是始建于1957年的广州美术馆，旧址位于越秀山上的著名建筑仲元楼。2000年，由中国工程院院士莫伯治设计的广州艺术博物院在广州麓湖之滨建成开放，成为广州文化地图的重要组成部分。此次落成的新馆由中德设计师联合设计，占地面积3万余平方米，总建筑面积近8万平方米，是目前亚洲最大的专业美术展馆之一。

广州艺术博物院一直致力于中国历代书画珍品和岭南美术精品的征集、收藏与研究，具备完整的艺术类藏品体系，以历代岭南书画作品为馆藏特色，先后被评为"国家重点美术馆"和"国家一级博物馆"，是目前全国唯一兼有这两个称号的艺术机构。广州艺术博物院现有藏品3.3万余件（套），包括国画、书法、油画、水粉水彩、版画、漆画、唐卡、素描、速写、剪纸、雕塑、碑刻等门类，年代跨度从北宋到现当代。

新馆开馆时，推出"万壑争流——广州艺术博物院藏中国古代画派艺术展""风自南来——广州艺术博物院藏近现代广东美术精品展""时代新章——当代广东美术探索""塔高水长——中国美术馆藏美术精品展之长征精神、延安精神""融合之路——

陈树人《淡黄杨柳舞春风》

中华艺术宫（上海美术馆）、上海中国画院藏中国近现代美术作品特展"五大展览，汇聚1100余件馆藏精品、200余件借展精品和500余件文献类展品，堪称"亮家底式"的艺术盛会。

数字化应用也是广州艺术博物院新馆的亮点之一。新馆运用多媒体和数字技术，营造生动场景，更好讲述中国绘画故事。新馆四楼"精品荟萃"数字化展厅里，以馆藏明代文徵明《金阊名园图》、清代黄璧《桃花源诗意山水图》以及明清花鸟绘画名作为内容设计的互动游戏，通过充满趣味的方式让观众了解画作相关知识和背后的故事。此外，还有以岭南版"二十四番花信风"为主题的互动墙，通过广州时令花卉的绘画作品，展现羊城与花的故事。观众可以根据喜好挑选花语、图案制作书签，扫码即可保存、分享。二楼"精品互动墙"按年代分类呈现正在展出的精品，轻触互动墙，点击想看的作品，可以放大观看细节，还能分享给朋友。

多元画派　异彩纷呈

在中国古代绘画艺术发展进程中，各个画派就像山间奔涌的清流，互有竞争、互相影响、多元发展、异彩纷呈，最终汇入波澜壮阔的中国美术史长河。广州艺术博物院收藏的古代画派作品较成系列的有湖州竹派、浙派、吴门画派、松江画派、娄东画派、虞山画派、常州画派、新安画派（含黄山画派）、金陵画派、扬州画派、丹徒画派、海上画派等。这些画派虽然多为地域画派，但影响并不限于一隅，各地从学者众多。

"万壑争流——广州艺术博物院藏中国古代画派艺术展"分为三期，每期展出4个画派，共展出12个画派的精品，涵盖多件"镇馆之宝"，如文同《墨竹图》、戴进《山高水长图》、沈周《松坡平远图》、文徵明《晚来急雨添飞瀑图》、仇英《停琴听阮图》、董其昌《剪江草堂图》等。

文同是北宋时期有名的文人画家，也是苏轼的表兄，他与苏轼感情甚笃，因共同爱好墨竹，常讨论画竹。文同赞美竹子"心虚异众草，节劲逾凡木"，将自己的居室命名为"墨君堂"。他的墨竹画把竹的情态和品性表现得淋漓尽致。文同墨迹存世稀少，广州艺术博物院收藏的这幅《墨竹图》由收藏家莫元瓒捐赠，十分珍贵。此作品采用"S"形构图，描绘了一株生长于崖壁的拗竹。由于顶上受阻，竹子的姿态为先俯后仰，体现了百折不挠的精神。

文同的墨竹画在中国花鸟画中开创了象征主义的先河，不仅被同时代的文人画家所尊崇，而且流风延绵，影响了元明清以来的文人画家，被称为湖州竹派。

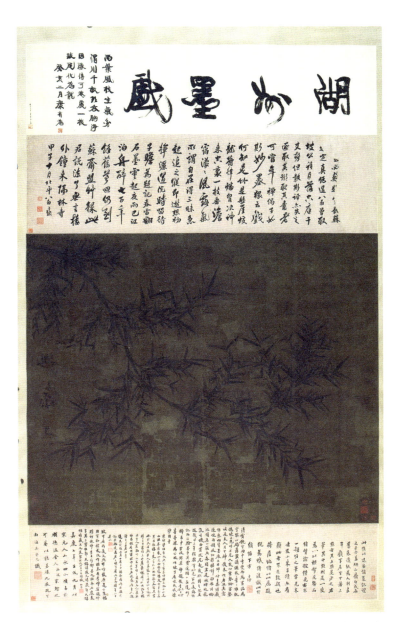

北宋文同《墨竹图》

明代戴进《山高水长图》（局部）

明代仇英《停琴听阮图》

　　明代画家戴进的《山高水长图》是古文字学家、收藏家容庚先生捐赠的珍品。此画全长20多米，山势壮阔，连绵起伏。戴进被誉为浙派开山鼻祖。此画是目前戴进存世作品中唯一的山水巨作。

　　明代画家仇英是吴门画派代表人物之一，他的《停琴听阮图》展现了竹林七贤中"嵇康抚琴"和"阮咸弹阮"的经典画面。此画用笔工致细腻，设色清新雅致，极具文人蕴藉气息，乃仇英淡雅设色山水之杰作。

岭南风华　时代气象

　　广东素以开放、包容、创新闻名于世。在近现代中国社会急剧变革的浪潮中，广东勇立潮头，开风气之先，广东美术界也在这个时期进行了丰富多彩的艺术探索与实践。从中国画的改良与革新、西洋绘画的本土化与民族化，到现代漫画、版画的崛起，广东美术在中国近现代美术版图中耀眼夺目，群星辈出。

　　清代晚期画家居巢、居廉被称为岭南画派奠基人。他们继承了恽寿平的没骨花卉画法，并将撞水撞粉技法发扬光大。这种技法能创造出鲜润透明的效果，特别适合表现岭南阳光雨露下的花草瓜果。例如，在居廉的《瓜藕图》中，西瓜顶部鲜红，从上至下颜色逐渐变淡，水、色、墨交融处，西瓜像披了一层霜。这种正处于"起沙"状态的西瓜甜度最高、口感最好。红润的西瓜、洁白的藕片和翠绿的荷叶组合在一起，让观者从画中感受到丝丝清凉。

居廉《瓜藕图》

高剑父、高奇峰和陈树人是近现代岭南画派创始人，他们早年深受画家居廉熏陶，继而游学日本，投身革命，倡导"折衷中西，融汇古今"，开创了"新国画"时代。

《东战场的烈焰》堪称高剑父"艺术革命"的具体实践。高剑父首次将战场废墟题材引入中国画，以山水画技法表现炸毁后的建筑残骸。画中的残垣断壁仿佛挺立的山峦，硝烟好像迷蒙的烟云。据学者考证，此画描绘的是1932年"一·二八事变"中遭日军炮火轰炸的上海闸北，表现了高剑父对家国不幸的悲恸，旨在唤起民众的爱国情怀。

新中国成立后，广东美术家紧跟时代，大胆创新，取得了令人瞩目的成就。岭南画派山水画方面的代表人物关山月、黎雄才，将现实生活场景融于山水画中，以画笔讴歌新中国新气象。

关山月践行"笔墨当随时代"的理念，深入生活，重视写生，足迹遍布塞北江南，创作出一系列反映现实生

高剑父《东战场的烈焰》

活的作品。广州艺术博物院收藏了关山月的《长征图》《钢都》《黄河颂》等名作，其中，《春暖南粤》是一幅颇具岭南特色的作品，以广州的市花木棉为主题。在画作中，木棉树高大挺拔，花簇鲜艳似火，体现了南国

关山月《春暖南粤》

儿女昂扬向上的精神。远处的高压输电塔为点睛之笔，现代化的元素与怒放的红棉形成呼应，象征着社会主义的火热建设。

《勇攀高峰》是黎雄才为迎接1987年在广州举办的第六届全国运动会而创作的鸿篇巨制，是"黎家山水黎家松"的代表作品之一。画面整体呈近、中、远三个层次：近处巨峰高耸，峭壁矗立；中景层峦叠嶂，烟岚弥漫；远景群山逶迤，云海茫茫。山上苍松挺立，山路崎岖；路上行人背负行囊，策杖登高，虽然山高路陡，却无所畏惧，突出了勇攀高峰的主题。

杨之光是新人物画的代表画家之一，他将西方绘画的光影明暗技法融入中国人物画中，形成鲜明的个人风格。杨之光1954年创作的《一辈子第一回》，生动刻画了一位平生第一次拿到选民证的老年妇女的形象，被誉为新中国美术史上新人物画的开山之作。广州艺术博物院藏有《一

黎雄才《勇攀高峰》

辈子第一回》的初稿、素描稿
和1960年重画稿，通过对照展
出，让观众了解这幅名作的创
作历程。

本文图片均由
广州艺术博物院（广州美术馆）
提供

杨之光《一辈子第一回》（第二稿）

海南省博物馆

海南省博物馆

展现南溟奇甸缤纷画卷

周亚军 / 文

　　"南溟之浩瀚，中有奇甸，方数千里"，与海瑞一道被誉为"海南双璧"的明代理学名臣丘濬，依明太祖朱元璋《劳海南卫指挥敕》作《南溟奇甸赋》，由此，"南溟奇甸"成为海南的代称。

　　坐落在海口市南渡江畔的海南省博物馆，以《南溟奇甸赋》为纲，对海南的地理、文史、风俗、非遗和海洋文明进行展陈。馆内常设展包括"南溟奇甸——南海海洋文明陈列""方外封疆——海南历史陈列""仙凡之间——海南风情陈列"三大基本陈列，"木中皇后——海南黄花梨陈列""香中魁首——海南沉香陈列"两大专题展览，还有"琼工坊——海南传统手工技艺陈列""琼肴街——海南饮食文化陈列""琼崖村——海南少数民族非物质文化遗产陈列""琼戏台——琼州表演艺术陈列"，多层次、全方位展示海南文化魅力。

海南省博物馆外景

方外封疆，文脉远播

走进"方外封疆——海南历史陈列"，半环幕视频及投影展现了远古大陆的变迁和海南岛的形成过程。海南岛原是中国大陆向南延伸的一部分，在喜马拉雅造山运动中逐渐与大陆分离。

海南发现了昌江保由旧石器时代旷野遗存、三亚落笔洞遗址、石贡贝丘遗址等石器时代的重要遗址，为了解海南先民的生活提供了大量资料。

战国青铜绚纹环形器

海南出现青铜器较晚，目前出土的青铜器中年代最早的为战国时期。展柜中的战国时期青铜绚纹环形器出土于昌江县七叉镇大仍村，共9件。器物呈环状，外沿有锯齿，环上布满类似绳索的纹饰。这种造型奇特的青铜器在全国较为少见，有人认为是切割工具，有人认为是祭祀礼器，也有人说是衣服上装饰用的环扣，其功能还有待进一步研究。

公元前110年，汉王朝正式将海南纳入版图，自此在海南开置郡县、修筑城郭，官商士民迁入海南，带来先进文化和生产技术。前伏波将军路博德征战岭南，在海南首开儋耳、珠崖两郡。后伏波将军马援平定叛乱，在海南恢复郡县，筑城开渠，造福百姓。岛上人民世代怀念，众多伏波祠至今不废。

汉代"朱庐执刲"银印是海南省博物馆"镇馆之宝"。此印1984年出土于乐东黎族自治县，是西汉晚期中央政权授予朱庐县官员的赐印。印纽为兽首蛇身，蛇首微微上扬，蛇身布满精美细密的花纹，印面铸有阴文篆体"朱庐执刲"4字。汉元帝时期，珠崖、儋耳两郡先后被废，改称朱庐县。执刲为爵位名，相当

汉代"朱庐执刲"银印

于郡守级别。"朱庐执刲"银印是中央政权管辖海南岛的实物证据，对研究海南古代历史和西汉爵制、印制有着重要意义。

昌江县出土的汉代北流型四蛙云雷纹铜鼓也是馆藏珍品。铜鼓是西南少数民族地区祭祀礼器，后伏波将军马援创制马式铜鼓作为军鼓，用以传播信息、发布号令。此鼓硕大厚重，铸造精良，保存完好。鼓面正中铸太阳纹八芒，三弦分七晕，弦纹之间饰云纹。鼓面边缘铸4只立蛙，是少数民族的图腾。鼓身分胸、腰、足三段，饰等距离弦纹，弦纹之间饰云雷纹，鼓身附圆茎耳两对。此鼓的发现对于研究海南青铜文化特别是海南各民族迁徙历史及文化有着较大价值。

汉代北流型四蛙云雷纹铜鼓

　　唐代海南设琼州都督府，海南自此别称"琼州"。海南岛是唐宋海上丝绸之路的重要节点，唐代鉴真和尚第五次东渡日本时遇到台风，漂流至振州（今三亚一带），在此居住一年半，兴建大云寺弘扬佛法，开启佛教文化在海南传播的先河。

　　王义方、李德裕、苏轼、黄道婆、丘濬、海瑞……这些历史名人在海南留下了许多精彩故事。明代名臣海瑞为官清廉、刚直不阿，体现了海南人优秀的精神品格。海氏族谱木刻版是研究海瑞及其家族的重要资料，原有176块，现存8块，系国家一级文物。

　　海南是著名侨乡，数百年来，一代代侨民远涉重洋，艰苦创业，回国后为国家建设作出重要贡献。展厅里以模型场景展示了位于文昌市文昌公园内的"郭母李太夫人王夫人纪念亭"。亭高11米，呈塔式三层八角形，是文昌籍华侨巨商郭巨川、郭镜川于1936年为纪念祖母李太夫人和伯母王夫人养育之恩而建。亭内汇集了30多位早年政界要人、社会名人的题词、题联刻石，至今仍保存完好。该亭已成为海南珍贵的华侨文物代表作。

耕海牧渔，民俗多彩

海口港、铺前港、潭门港……步入"祖宗之海"展厅，一幅巨大的海南岛地图呈现于眼前，环岛密布港口，粗略一数，就有15个之多。丰富的海洋资源孕育了海南人独特的生产生活方式，耕海牧渔、造船晒盐，世代不息。

疍家渔民是一个以舟为家、浮生江海的族群，主要分布在福建、广东、广西、海南、浙江沿海一带。相传自唐代起，疍家人陆续从闽粤两地渡过琼州海峡，来到海南岛。疍家渔民随鱼虾汛期迁徙，在渔排上的木屋中起居饮食，在渔排间的"街道"里船来船往，构成了别具特色的海上景观。展厅中复原了疍家渔民的生产生活场景，展示了他们的服饰和出海打鱼的工具。随着时代发展，现今的海南疍家人放弃了漂泊生活，定居在沿海周边以养殖为生。有的疍家渔民卖掉渔船买游艇，吃起了旅游饭。

"洋浦盐田，朝水夕钱"，这句话描述了海南洋浦古老的制盐业——早上将制好的卤水放在盐槽中晾晒，下午就能收获白花花的盐去换钱。海南日照充足，海水充沛，出产的盐洁白如雪、味道鲜美，具有清热解毒的功效。据《海南地名志》记载，晒盐几乎遍布海南所有沿海市县，自古至今海南有很多以盐命名的村落，如洋浦的盐田村、儋州的盐丁村、海口的盐灶村、万宁的盐墩村等。

海南是多元文化交汇之地，千百年来汉族、黎族、苗族、回族等各民族文化在此汇集、融合、发展，留下了瑰丽多彩的文化遗产。"琼工坊"展现了海南各民族传统工艺、传统美术，如天南椰雕、南海贝雕、琼崖炭画等。"琼肴街"仿照骑楼老街风貌打造了一条"美食街"，汇聚海南特色饮食。"琼崖村"将海南少数民族民间文学、传统技艺、传统音乐、传统舞蹈、传统体育与游艺五大类别的非遗项目聚于一村，作活态展示。"琼戏台"仿古戏院格局搭建了一座戏台，通过活态展演与静态陈列相结合，让观众领略琼剧、临高渔歌、儋州调声等海南传统戏曲艺术。

琼工坊

香中魁首，木中皇后

海南原始森林植被茂密，拥有沉香最适宜生长的土壤。产于海南的沉香，又称"崖香"或"琼脂"，素有"一片万钱，冠绝天下"的美誉。海南用香采

琼戏台

香的传统由来已久。馆藏清代《琼黎风俗图》中的《采香图》描绘了黎人采香的场景：4名男子在山谷中忙碌，有的靠着树干，有的爬到树上砍香……从左侧配文可知，当时的专业采香客被唤作"香仔"，一般数十人共同上山采香，"构巢于山谷间"，长期驻扎，以此为业。

"香中魁首"展厅里营造了一个以古代家具、书画、古琴、品香为主要元素的传统文化空间，取名"沉香别院"，让观众坐下来品香养性。

黄花梨是海南特有的乔木树种，花梨木以温润沉静的秉性和典雅华

清代《琼黎风俗图·采香图》

黄花梨中堂家具场景复原

美的纹饰，成为高档家具的首选木材，与小叶紫檀一起被誉为"木中帝后"。

在"木中皇后"展厅，可以看到不少精美的花梨家具。清代黄花梨神龛罩长460厘米、高60厘米，由25块透雕和浮雕花板组成。花板图案有丹凤朝阳、松鹿同春、喜鹊登梅、柳浪闻莺、博古纹等，雕刻精巧细致，是琼作木雕工艺的经典之作。

自开馆以来，海南省博物馆已举办各类展览500余场，原创展览"大海的方向——华光礁Ⅰ号沉船特展""南溟泛舸——南海海洋文明陈列"先后获得"全国十大陈列展览精品奖"；积极推进精品展览"引进来""走出去"，"灯下故人——一个德国人与海南岛的故事"在德国展出，备受观众好评。

围绕馆藏资源、特色展览、重大节日，海南省博物馆举办各类主题社教活动，并开展讲解直播，发布线上文博课程和系列短视频，多渠道传播优秀文化。

本文图片均由海南省博物馆提供

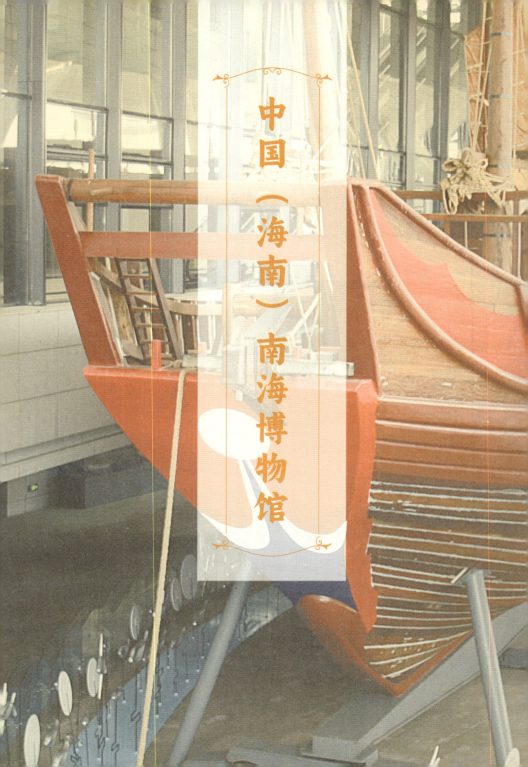

中国（海南）南海博物馆

南海之舟　丝路逐浪

周亚军 / 文

　　南海之滨，千年渔港，一座线条优美的船型建筑静静矗立，看大小渔船在琼海潭门出海、回港，一静一动之间，传统与现代融合，历史与未来在此交汇。

　　中国（海南）南海博物馆（以下简称"南海博物馆"）由著名建筑师、中国工程院院士何镜堂担纲设计，融合现代美学风格与传统文化元素，取义"丝路逐浪，南海之舟"。

　　这是一座年轻的国家一级博物馆，2018年海南建省办经济特区30周年时正式开馆，现有各类藏品9万多件，包括历代外销文物、南海生物标本、海南历史文物、历代船模等。

中国（海南）南海博物馆建筑全景

行船
华光礁 I 号出水近万件瓷器

跟着地面鱼群游动的光影步入展厅，800多年前南宋海上贸易的繁荣场景呈现在眼前：喧闹的市场，忙碌的港口，往来不绝的商贾，琳琅满目的货物……这一段海上丝路的辉煌过往因潭门渔民的偶然发现重新进入人们的视线——1996年，海南琼海潭门渔港的渔民在华光礁环礁内侧作业时发现水下3米处有沉船，这就是南海博物馆"八百年守候"特展的主人公——华光礁 I 号。

这艘沉船出水近万件瓷器，遗物散布面积约1000平方米，呈东西、南北走向，长约38米，最宽处约21米，货船载量之大、货品种类之多令人惊叹。

展厅里复原了华光礁 I 号沉船发现之初的场景：糟朽的船板上如叠罗

汉般堆放着大量青白瓷器，有碗、盘、碟、盒、执壶、瓶、军持等。

在这近万件瓷器中，粉盒就有2000多件，可见这是当时十分热销的商品。粉盒上的纹饰缤纷多样，有折枝牡丹纹、团花纹、菊瓣纹、六星花卉纹等。

沉船800多年，许多瓷器同珊瑚礁黏结一体，形成了奇特的视觉效果，还有一些古代钱币嵌入珊瑚礁，成为人们所称的"钱山"。

中国人在南海的航行史可追溯到2000多年前。西汉以来，先民们在南海的航行和生产活动日益增加，开辟了海上丝绸之路必经的黄金水道。《汉书·地理志》记载，广东徐闻、广西合浦是汉代海上丝绸之路的始发港。船只经过南海，驶往印度和斯里兰卡一带，可购得珍珠、琉璃、奇石异物等。

宋代造船技术和航海技术明显提高，指南针广泛应用于航海，中国商船的远航能力大为增强，海上丝绸之路发展至鼎盛时期。南海海域有

华光礁I号复原船

古代钱币与珊瑚礁黏结形成的"钱山" 周亚军摄

南宋青白釉菊瓣纹印花粉盒

宋影青釉碗 动脉影摄

元青花凤穿牡丹纹玉壶春瓶

诸多宋代沉船遗迹，展柜中陈列着沉船出水的陶瓷器、金属器、玻璃器等，正是外销经济繁荣发展的证明。

经考古队调查，华光礁 I 号沉船残存船体长约17米，宽约7.54米，舷深约3—4米，覆盖面积约180平方米，共发现隔舱11个，排水量不小于60吨。水密隔舱，龙骨结构，鱼鳞搭接，还有保寿孔，是福建泉州制造远洋木帆船独有的传统做法，由此判断，这艘船属于典型的福船。

展柜中有一件华光礁 I 号出水的三系陶罐，里面装的粉盒还是当年装船时候的样子，但现在已经无法取出了。宋代的远航商船将精美易碎的小件器物放在这样的陶罐中，既能节省空间，又能对小物件起到保护作用。

出海
"南海天书"与 108 兄弟公

"自黄山马去劳牛劳向申行驶三更收"，这是南海博物馆展品《更路簿》中的记载。

《更路簿》被称为"南海天书"，是海南渔民根据长期航海和生产实践所记录下来的南海航行手册，用海南话写成，并绘有地图，以手抄本形式流传。此外，民间还流行着口头传承的"更路传"。"更"是航程，"路"则是航向。"自黄山马去劳牛劳向申行驶三更收"，黄山马指的是南沙群岛上的太平岛，劳牛劳指的是大现礁，申指的是航向，在顺风顺水的情况下，一更约等于10海里，三更就是30海里，一句话就将出发地、目的地、方位、距离等全都说清楚了。

早在汉代，中国先民就在南海航行，并在长期生产实践中发现了南

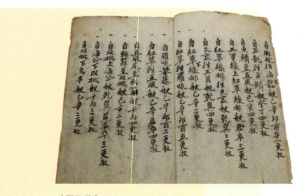
《更路簿》

海诸岛。东汉杨孚《异物志》中记载"涨海崎头，水浅而多磁石"。其中的"涨海"，便是中国古人对南海的最早命名。

海南渔民世世代代在南海岛礁生产活动，他们多根据岛礁的地貌、气候、水文、海产、大小、传说等地理特征赋予它们形象化的名称。《更路簿》中有大量根据形状命名的岛礁，西沙群岛中的华光礁、玉琢礁、浪花礁形似一个个箩筐，又因它们距离较近，潭门渔民分别将它们称为"大筐""二筐""三筐"。

1974年，考古学家在甘泉岛西北侧发现唐宋居住遗址，发掘出土了大量唐宋时期的陶瓷器和铁刀、铁锥等生产工具以及人们食用后废弃的鸟骨和螺壳。南海博物馆复原了唐宋时期人们在甘泉岛上生产生活的场景。清末广东水师提督李准巡海时发现岛上有淡水井，井水甘甜可用，即称"已得淡水，食之甚甜"，甘泉岛因此得名。

20世纪70年代，考古学家还在西沙群岛的永兴岛、赵述岛、南岛、北岛等9座小岛上发现了多座珊瑚石小庙的遗址和遗迹，庙里供奉的是108兄弟公。展厅里模拟了考古发现的兄弟公庙：小庙由珊瑚石垒成，庙前放置着木雕香炉烛台，神龛旁贴有敬神祈福的对联。

相传，明代海南沿海一带海盗横行，风狂浪险，108名武艺高强的渔民结拜为兄弟，共同对抗海盗、抵御天灾。一天，他们遭遇了罕见的大台风，全部失踪，魂归大海。后来，108兄弟公频频显灵拯救在海上遇险的渔民。乡亲们为感激他们的恩德，建祠立牌纪念、祭拜108兄弟公。这个祭海习俗从明代沿袭至今，已有600多年历史。

"108兄弟公崇拜"是南海诸岛独有的信仰，海南琼海、文昌等地的渔民每逢过节和出海前，都要祭拜108兄弟公，通

108兄弟公庙复原场景

过古老神秘的仪式为远航者祈福，保佑出海渔船平安归航。2009年，祭祀兄弟公出海仪式入选第三批海南省非物质文化遗产名录。

合作
打造海上丝绸之路文化交流平台

鲸是一种生活在海洋中的大型哺乳动物，形似鱼却非鱼，在日常生活中难得一见。2020年4月，海南北部澄迈县桥头镇岸边搁浅了一头体长近13米的鳀鲸。南海博物馆经多方沟通，取回皮肤和骨骼制成剥制标本和骨骼标本，策划制作了"南海鲸灵——馆藏鲸类标本展"，成为最吸睛的原创展览之一。

据介绍，目前馆内设有7个陈列展览，包括"南海人文历史陈列""南

"南海鲸灵——馆藏鲸类标本展"

海自然生态陈列""八百年守候——西沙华光礁Ⅰ号沉船特展""探海寻踪——中国水下考古与南海水下文化遗产保护""做海——南海渔家文化展（海南）""源同流异——馆藏清代外销艺术品展""南海鲸灵——馆藏鲸类标本展"，旨在全方位、多角度展示南海人文历史、自然生态、水下文化遗产保护及海上丝绸之路。其中，"南海人文历史陈列"荣获2018年度"全国博物馆十大陈列展览精品推介精品奖"，并入选国家文物局2019年度"弘扬中华优秀传统文化、培育社会主义核心价值观"主题展览征集推介项目，"做海——南海渔家文化展（海南）"入选国家文物局2020年度"弘扬优秀传统文化、培育社会主义核心价值观"主题展览推介项目。

近年来，南海博物馆与国内高校、科研院所合作，在考古发掘、文物保护、人才培养方面相互借力，打造研究型博物馆，组建出水陶瓷器基因库，创建出水文物保护修复重点实验室。

早在建馆之初，南海博物馆就设立了"文物保护与修复中心暨南海出水文物保存保护和修复中心"，修复出水金属文物、陶瓷器等，延缓了文物本体寿命，构建了安全、稳定、洁净的文物保存环境，还与多家单位合作开展文物保护修复工作。

为打造"活态"博物馆，2019年12月，南海博物馆与南海梦之旅邮轮公司进行文旅深度融合，推出全国首家"海上流动博物馆"。"美丽富饶的南海""南海识贝——南海海洋贝类专题展""南海鲸灵——馆藏鲸类标本展"等原创展览走进了学校、军营、乡村、社区。此外，还开展了丰富多彩的社会教育活动，研学活动足迹已覆盖海口、三亚、儋州、琼海、澄迈、五指山、昌江7个市县。

中国（海南）南海博物馆馆长辛礼学说，建设南海博物馆是海南积极响应国家"一带一路"倡议的重要举措，旨在展示南海人文历史和自然生态，保护南海文化遗产，促进海上丝绸之路沿线国家和地区文化交流。未来，南海博物馆在对外交流上将做更多探索与创新，努力打造"21世纪海上丝绸之路"文化交流的重要平台。

除特别注明外，本文图片均由中国（海南）南海博物馆提供